D0995585

# LA MÉTHODE

# SANTÉ, BEAUTÉ, VITALITÉ

## de Marie-Josée Longchamps

*Distribution pour le Canada:*
**Agence de distribution populaire**
1261 A, rue Shearer
Montréal (Québec)  H3K 3G4
Téléphone: (514) 523-1182
Télécopieur: (514) 939-0705

*Distribution pour la France et la Belgique:*
**Diffusion Casteilla**
10, rue Léon-Foucault
78184 Saint-Quentin-en-Yvelines Cedex
Téléphone: (1) 30 14 19 30

*Distribution pour la Suisse:*
**Diffusion Transat S.A.**
Case postale 1210
4 ter, route des Jeunes
1211 Genève 26
Téléphone: 022 / 342 77 40
Télécopieur: 022 / 343 46 46

# LA MÉTHODE
# SANTÉ, BEAUTÉ, VITALITÉ
### de Marie-Josée Longchamps

SUPER
FORME EN
**8**
ÉTAPES

TVA
éditions

2020, rue University,
20ᵉ étage, bureau 2000
Montréal (Québec) H3A 2A5

Directrice des éditions: Annie Tonneau
Révision: Corinne De Vailly, Claire-Marie Clozel, Jany Proulx
Infographie: Geneviève Matteau, SÉRIFSANSÉRIF

Direction artistique: Nancy Fradette
Couverture: Michel Denommée
Photo de l'auteure: Daniel Auclair
Maquillage: Macha Colas avec les produits Guerlain
Vêtements: Ariane Carle
Photo de la couverture: Daniel Auclair
Accessoires: Seracom
Vêtements et articles de sport: Boutique Endurance
Photos intérieures: Marco Weber
Certaines des photos provenant des archives
    de Marie-Josée Longchamps sont de Nicolas Proulx

Nous reconnaissons l'aide financière du gouvernement du Canada par
l'entremise du Programme d'aide au développement de l'industrie de l'édition
(PADIÉ) pour nos activités d'édition.

© Les Éditions TVA inc., 2001
Dépôt légal: quatrième trimestre de 2001
Bibliothèque nationale du Québec
Bibliothèque nationale du Canada
ISBN: 2-89562-044-X

*À Jean-Marc Brunet, mon tendre époux
et véritable compagnon de vie,*

*À mes enfants et leurs conjoints
pour le bonheur qu'ils me donnent:
ma fille Karina et mon gendre Marc Muresan,
mon fils Alexandre et ma bru Guylaine Audet,
et ma fille cadette Josée-France,*

*À mes petits-enfants, Alexia et Justin,
sources de joie et d'émerveillement,*

*À mes sœurs, Louise et Francine,
ainsi qu'à chaque membre de ma famille,*

*À ma grande amie, Lise Dauphin,
et à toutes mes fidèles complices
(ne me lâchez surtout pas, j'ai besoin de vous!),
j'en profite pour vous transmettre
de façon toute spéciale mon affection,*

*À tous ceux et celles que je côtoie au fil des jours,
mes collègues de travail
qui savent m'inspirer au quotidien,*

*Et finalement, à tous ceux et celles qui,
depuis toujours, me soutiennent de loin…
Je vous suis reconnaissante des beaux souvenirs
que vous me donnez, aujourd'hui pour demain…*

*Un merci tout particulier à la journaliste
Élaine Caire pour sa précieuse collaboration
lors de la rédaction de cet ouvrage.*

# Avant-propos

*«L'âge n'a aucune importance.*
*Vous pouvez être ravissante à 20 ans,*
*charmante à 40 ans*
*et irrésistible le reste de vos jours.»*

Coco Chanel

**C**et ouvrage met de l'avant une méthode santé-beauté simple et efficace. Trente ans d'acquisition de connaissances et de mise en pratique me confèrent une certaine crédibilité, pour ne pas dire une crédibilité certaine.

Quand j'ai commencé à prôner la santé et la beauté naturelles, on disait: «Mais qu'est-ce qu'elle connaît celle-là? De quoi se mêle-t-elle?» Heureusement, je n'ai pas tenu compte de ces remarques et j'ai continué ma démarche vers mon mieux-être. «C'est bon aujourd'hui… mais ce sera meilleur demain!» Voilà ce que je me disais au jour le jour.

Je ne veux pas me citer en modèle, mais plutôt témoigner de changements tangibles. Comme tout le monde, j'ai eu mes hauts et mes bas, mes questionnements, mes doutes et mes hésitations; mais, à travers les épreuves de la vie, j'ai toujours tenté d'entendre ma petite voix intérieure, celle de l'espoir et de la joie de vivre.

Chaque jour est porteur de sens: harmonie, santé, beauté ne sont pas des mots anodins. Je demeure vigilante sur base quotidienne. La discipline, chères complices, est plus facile que le laisser-aller. Je surveille mon alimentation, je fais de l'exercice, j'entretiens mes humeurs et mon humour. Quelquefois je fais la fête. Ces écarts, bons pour le moral, ne me pénalisent pas du tout. Car je sais comment compenser durant les jours suivants.

J'ai compris que la liberté — capacité de faire des choix — ne me sera jamais offerte sur un plateau d'argent et que moi seule peux me la donner.

## Je suis responsable de ce que je suis et de ce que je serai

Je fais ce qu'il faut maintenant pour aujourd'hui et pour demain aussi.

Je renouvelle mes choix au quotidien.

À l'occasion, lorsque je ne fais pas exactement ce qu'il faut, je ne me blâme pas *ad vitam aeternam.*

Il est tout à fait stérile de se culpabiliser et de se faire des remontrances… Ce qu'il faut, c'est *passer* à l'action, sans oublier une bonne dose de volonté pour vite se remettre sur la bonne voie, en gardant en tête les mots du philosophe Épictète: «Seul est libre celui qui est maître de soi.»

Depuis plus de 30 ans, je me suis aussi donné une ligne de conduite et je la poursuis avec plaisir et liberté. Être belle et en santé, c'est possible à tout âge. Vraiment. Comment? Tout simplement en sachant tirer profit de nos ressources intérieures et de celles qui nous sont offertes.

Cette méthode contient plusieurs conseils et trucs faciles à mettre en pratique mais, en aucun cas, ces derniers ne remplaceront une consultation auprès d'un professionnel de la santé.

## Genre féminin

Cette méthode se veut un guide en huit étapes pour vous apprendre, chères complices, l'importance de vous accorder du temps et de l'attention; je réfère ici à une écoute plus active de vos besoins qui, bien évidemment, diffèrent selon les périodes de votre vie.

Les femmes ont une influence extraordinaire sur le mode de vie de leurs contemporains. Comme le disait Jacques Laurent: «Une femme reflète plus entièrement son époque qu'un homme.» En fait, la direction qu'empruntent les femmes peut montrer la voie à suivre pour tout un chacun dans la société. Les femmes ont une grande influence sur le plan des valeurs. Leurs croyances et leurs actions sont le reflet de l'évolution de la société.

La désormais célèbre Faith Popcorn a même titré son dernier ouvrage *EVEolution*, l'évolution commandée par Ève, la femme. En effet, quand une femme change ses habitudes de vie, les êtres qui l'entourent – mari ou conjoint, enfants, amis – emboîtent le pas. Surtout lorsqu'ils peuvent constater *de visu* les résultats. Ne l'oublions pas, *l'exemple constitue la meilleure règle qui soit.*

On le sait, la vie est tissée d'habitudes. Les bonnes, comme les mauvaises, s'acquièrent par la répétition. Pourquoi ne pas en choisir de bonnes? Il faut une belle dose de confiance et de volonté pour réussir à être rayonnante de beauté et de santé.

Je souhaite donc que mon livre soit un passage à l'acte, car seule l'action nous révèle à nous-mêmes. Mais il n'y a pas d'urgence, pas de panique. Comme on dit: «Rome ne s'est pas bâtie en un jour.» Si on ne peut pas manger de ce bon gâteau aux trois chocolats aujourd'hui, ce n'est pas perdu pour toujours. Lorsqu'on aura atteint son but, on pourra faire des écarts, dont… ce bon gâteau aux trois chocolats. Ayons un peu de perspective et faisons preuve de patience… Le temps est notre ami, si on comprend sa dynamique et si on se sert de lui pour se donner une nouveau style de vie.

Il ne sert à rien de jouer la victime ou de baisser les bras. Le courage et la volonté valent certes mieux que l'apathie et la démission.

Choisir le chemin de l'épanouissement personnel doit se faire dans la joie. Sans plaisir ni fierté, la route risque d'être longue et frustrante… et «être en super forme» ne se réalisera jamais.

Je suis profondément convaincue que pour avancer et bien faire les choses dans la vie et que ça dure, le plaisir doit être au rendez-vous. Malgré et avec toutes les embûches.

Pour réussir, il faut aimer ce que l'on fait par-dessus tout. Je serais tentée d'ajouter: aimer la vie par-dessus tout!

Bonne route!

# Préface

*«La santé, c'est bien plus que l'absence de maladies.»*

Dr Alexis Carrel

*«La vitalité, plus que la mode, garde une
femme jeune et séduisante.»*

M.-J. L.

Je dédie ce livre plus spécialement aux femmes; les hommes aussi peuvent le lire, soit pour eux, soit pour comprendre la démarche de la femme de leur vie.

Mais je le dédie du fond de mon cœur à toutes celles qui veulent, quels que soient leur âge et leur condition, se garder, au fil des jours, vivantes et vibrantes. Se sentir bien et en beauté est un plaisir pour soi et son entourage. En l'occurrence, la beauté totale doit rimer avec harmonie et santé.

Dans le cadre de mon travail de vice-présidente aux relations publiques pour Jean-Marc Brunet Le Naturiste, je rencontre chaque année des milliers de femmes qui me confient leurs soucis de santé, leurs préoccupations quotidiennes ainsi que leurs secrets de vitalité d'esprit et de grande forme physique.

Au fil des ans, je me suis forgé une devise: «Si tu ne sais pas, demande; si tu sais, partage.» Voilà pourquoi j'ai décidé d'écrire ce livre.

Je me dois de partager mes secrets afin que toutes celles qui veulent acquérir ou conserver leur vitalité, leur beauté et leur jeunesse puissent être bien renseignées. Je souhaite que cet ouvrage les aide à remplir adéquatement leur boîte à outils.

Être femme est pour moi un privilège. On ne peut mériter la vie si on ne donne pas la vie. En mettant au monde des enfants, bien sûr, mais aussi en faisant preuve de générosité, d'ouverture aux autres et de compassion.

J'ai toujours assumé ma féminité et aimé ma condition féminine; je ne dépens de personne, mais je suis interdépendante d'un cercle de gens à l'intérieur duquel j'ai réussi à m'affirmer, à m'épanouir et à être appréciée. Avec les membres de ce cercle, qui s'agrandit avec le temps, je participe à la Fête de la Vie.

Je n'ai jamais essayé de convertir les autres mais, si on veut, je «prêche» par l'exemple. J'estime que les personnes radicales et intolérantes nuisent à l'avancement de la cause de la santé et de la véritable beauté. Après tout, on n'entre pas en religion en faisant le serment d'être en forme!

Il faut pouvoir jouir des plaisirs de la vie: entre autres, faire la fête avec des amis ou en famille autour d'une bonne table est un plaisir auquel je succombe volontiers. Vivre en société demande certains joyeux compromis. Une seule règle s'applique: on revient toujours sur soi, on reconnaît ses besoins et, lorsqu'on fait des écarts, on se rattrape, c'est tout!

J'ai une ligne de pensée que j'aime partager, mais je n'impose rien. J'ai besoin d'aimer, de respecter et d'apprécier. J'ai aussi besoin d'être aimée, respectée et appréciée. J'estime qu'il en est de même pour tout le monde. Je n'aime pas provoquer non plus; je suis plutôt de l'école de «l'attrait plus que la réclame».

Nous, les femmes d'ici, sommes de plus en plus respectées; nous pouvons nous épanouir de plusieurs façons, car de nombreux choix s'offrent à nous. Quand on s'apitoie sur la condition féminine, cela me laisse perplexe. À mon avis, ce n'est pas la condition féminine qui est difficile, mais la condition humaine. Il serait tellement facile d'être immortel et tout puissant, mais ce n'est pas notre lot.

Notre condition humaine, nos limites, nos souffrances, c'est justement ce qui contribue à nous humaniser.

Aujourd'hui, on vénère les stars et leur image. Le miroir semble être le grand manitou. Depuis des lustres, il nous révèle à nous-mêmes; mais cet outil, souvent cruel, est limité. Il faut donc se référer également à l'intérieur de soi. Certes, le miroir a sa place, mais on devrait s'en servir plus adéquatement pour accepter ce qui ne peut être changé et modifier ce qui peut l'être.

En scrutant comment on se sent, comment on bouge, notre optimisme, notre capacité de mettre du «cœur à l'ouvrage», on découvre que cet examen nous offre de précieux indices très révélateurs. L'énergie et la vitalité qui se dégagent d'une personne sont des atouts formidables pour passer bellement à travers les ans.

Savoir maintenir un poids santé et conserver sa forme physique et mentale constituent les bases d'une personne jeune et belle. Car ce ne sont pas les rides que les gens regardent chez une femme, mais le charme qui s'en dégage. «La jeunesse est avant tout un état d'esprit, un effet de la volonté, une qualité de l'imagination, une intensité émotive. On devient vieux lorsqu'on a déserté son idéal» (Douglas Mc Arthur).

Ces paroles m'inspirent énormément. Mon idéal, c'est d'amener les femmes à prendre soin d'elles (soins du corps, du cœur et de l'âme) pour leur permettre d'atteindre un mieux-être réel.

Je vous invite donc à «tomber en santé», pour paraphraser l'expression populaire «tomber malade». Oui, je vous invite à «tomber en santé» et, en prime, à «tomber en amour avec vous», non pas de façon narcissique mais pour devenir votre meilleure amie.

Alors, s'il y a lieu, cessez de vous critiquer et de vous «descendre»; prenez plutôt conscience de votre force intérieure et du rôle important que vous devez jouer dans votre démarche vers le mieux-être.

## Comme on dit au cinéma: ACTION!

Aujourd'hui, plus que jamais, les femmes ont la chance de rester jeunes, même à un âge avancé. Je côtoie de plus en plus de «belles petites vieilles», des femmes qui ne renoncent pas à la vie, prennent les moyens pour rester en forme, participent activement à leur mieux-être et cultivent le bonheur.

Mais avant de prendre les moyens, il faut bien les identifier et, une fois qu'on les connaît, on doit les mettre en application avec assiduité et persévérance. En un mot, passer à l'ACTION.

Certaines femmes se plaignent constamment; nostalgiques de leur jeunesse, elles s'enferment dans leur petit monde, comme si elles étaient victimes d'un mauvais sort.

Pas étonnant que celles-là vieillissent prématurément et n'attirent plus personne.

Heureusement, plusieurs conservent leur optimisme et leur disponibilité, leurs activités sociales et intellectuelles, pour ainsi contribuer au mieux-être de leur communauté. Être utile, répandre l'optimisme et la joie de vivre prolongent assurément la beauté et la jeunesse. Misant sur la qualité de vie, ces femmes sont de véritables phares.

Dans ce livre, je me propose de vous donner les moyens de parfaire votre santé, de raffiner votre beauté. Nous franchirons les étapes, ensemble, une à une.

Vous allez sans doute découvrir que les effets bénéfiques des actions posées, sont proportionnels aux efforts fournis. Ne tentez pas de tout changer en même temps; par exemple, tout en apprenant à mieux vous alimenter, vous pouvez commencer à faire un ou deux exercices par jour, mais conservez l'accent sur l'alimentation. Une fois que cette partie sera maîtrisée, vous pourrez passer à une autre étape. Donnez-vous du temps. Vous ne le regretterez pas…

Bien sûr, je vous mentirais si je vous disais que changer ses habitudes vieilles de plusieurs années se fait en criant ciseaux! Mais, croyez-moi, il est plus fatigant d'avoir mal partout que de faire de l'exercice. Il est aussi plus pénible de traiter votre estomac comme une poubelle, en ingurgitant n'importe quoi ou toute la grosse portion que l'on vous a servie, que de carrément jeter ces faux alliés dans une vraie poubelle.

## Un mot clé: simplicité

J'ai toujours été, je suis et serai toujours une femme simple et accessible. Je m'habille simplement, me coiffe naturellement et me maquille assez peu. Je mange de façon simple et équilibrée. À la fois dans mon apparence et dans mon mode de vie, je recherche la simplicité.

Dans un monde de plus en plus complexe, la simplicité constitue une valeur sûre.

Juste avant d'aborder les différentes étapes de ma méthode, permettez-moi de vous raconter mon aventure personnelle.

# Je ne suis pas née avec une cuillère en argent dans la bouche

*«On gagne sa vie par ce que l'on acquiert;*
*on se fait une vie par ce qu'on donne.»*

W. A. Nance

L'hérédité, comme chacun le sait, joue un rôle crucial dans la santé et la beauté d'un individu. Notre héritage génétique est important, on ne peut le nier; en fait, on devrait en tenir compte pour mieux prévenir ou contrer les problèmes qui peuvent surgir. Toutefois et heureusement, le mode de vie (habitudes alimentaires, activités physiques, etc.) joue un rôle tout aussi capital.

Nous pouvons donc nous *construire* une santé-beauté, même si notre héritage n'est pas ce qu'il y a de meilleur. Il ne faut surtout pas oublier, tout au long de ce processus, que ce qui compte, c'est d'être au mieux de sa forme. Sans jamais se comparer.

Ma famille a des origines modestes. Du côté de ma mère, sauf exception, on devenait plutôt bien enveloppé en vieillissant. Il est vrai que, dans les années 50, les gens mangeaient beaucoup et gras. Ma famille n'a pas échappé à la règle. Ce n'est pas un jugement, mais plutôt un constat. La santé, à l'époque de mes parents, n'était pas une notion comprise comme aujourd'hui et on avait peu d'outils pour s'aider.

Toutefois, je dois admettre qu'on mangeait beaucoup moins de sucre blanc et d'aliments transformés. Et, dans la vie de chaque jour, on bougeait plus. Aujourd'hui, l'obésité gagne du terrain de manière affolante. Cette tendance est tributaire du mode de vie sédentaire (les ravages de la télé et des jeux électroniques débutant dans l'enfance), combiné à la nourriture chimique (pleine d'additifs).

On mange trop ou pas assez, on mange mal, on bouge peu, on est stressé. Pas étonnant que ce joyeux cocktail se stocke et nous intoxique carrément.

Mes parents, Madeleine et Lucien, avaient ce qu'on appelle du «gros bon sens» en matière de santé et d'activités physiques. Avec mon père, toute jeune, nous faisions beaucoup de plein air à notre camp de pêche de Labelle, dans les Laurentides. Mes souvenirs d'enfance riment avec jeux, rires, larmes partagées et, avant tout, avec amour. Je ne traîne pas mes racines modestes comme un boulet; bien au contraire, elles me donnent des ailes.

Pour celles qui ont eu des parents dans le milieu de la santé (mère infirmière, père médecin), cela peut parfois aider à avoir une meilleure conscience des effets de l'alimentation et de l'exercice sur la santé.

Mais, là encore, la réponse est individuelle. Il y a en effet beaucoup de personnes dans ce domaine qui semblent dire: «Fais ce que je dis, mais pas ce que je fais!»

Malheureusement, certains (j'écris bien «certains», car il y en a qui prêchent par l'exemple) praticiens de la santé mangent du *fast food*, fument plus d'un paquet de cigarettes par jour, se soumettent à des stress impossibles, sombrent dans l'alcool, ne s'oxygènent pas correctement et j'en passe.

Ce genre de comportements n'est pas très convaincant. Je crois, pour ma part, que les gestes doivent correspondre aux paroles.

## La volonté, outil de premier plan pour forger son destin

Il revient à soi de faire sa vie. Il faut donner beaucoup, se donner entièrement à ce que l'on veut, consciente de ce que l'on vaut.

La volonté y est pour beaucoup. Croyez-moi, la volonté mène à la liberté: la liberté de choisir, de décider, de réaliser, de grandir et de s'épanouir pour être au mieux de sa forme.

Peut-être vous posez-vous la question: «Ai-je de la volonté?» Vous répondez: «Bien, ça dépend…» Vos réponses valsent entre le oui ou le non.

Je constate trop souvent que la volonté n'est pas toujours aussi développée qu'elle devrait l'être. Pourquoi? La raison, à mon sens, en est fort simple. La volonté est peu exercée. La volonté, c'est comme un muscle: on se doit de l'exercer, sinon elle ramollit…

## Faire un choix, c'est dire oui mais c'est aussi dire non

Faire un choix suppose que l'on se positionne; c'est-à-dire que l'on dise oui à certaines choses et non à d'autres. C'est dans l'ouvrage de H.-C. Geoffroy intitulé *Tu vivras cent ans* que j'ai trouvé une réponse très claire à ce sujet.

Quelles que soient les occupations auxquelles on se livre, on se retrouve inévitablement placé devant l'alternative suivante: faire une chose qui doit être faite ou ne pas la faire. On peut en effet choisir de renoncer à passer à l'action parce que cela demande un effort, que ce n'est pas nécessairement agréable, parce qu'on a peur de l'opinion des autres, etc. On peut alors imaginer toutes sortes de raisons pour ne pas faire la chose que l'on doit faire.

Monsieur Geoffroy estime qu'il faut partir du principe que tout acte nécessitant un effort de volonté, si petit soit-il, est matière à exercice.

Il est donc indispensable, précise l'auteur (et à mon sens, ceci est capital), de faire *conjuguer l'exercice de la volonté et la réforme alimentaire*, car non seulement ces deux actions se complètent, mais elles se facilitent l'une l'autre. Comme nous le verrons au cours du chapitre sur la désintoxication, une réforme progressive de l'alimentation provoque une désintoxication de plus en plus profonde de l'organisme. La pensée, elle aussi, s'éclaire; la conscience revient et l'exercice de la volonté devient de plus en plus facile.

J'ai toujours cultivé ma volonté; c'est un trait de caractère, peut-être, mais c'est aussi parce que j'avais de hautes visées pour ma vie personnelle. Il faut dire que j'ai toujours été soutenue. J'ai été élevée dans un milieu social chaleureux à l'ombre du parc La Fontaine et au sein d'une famille qui prodiguait beaucoup d'amour.

Ma sœur aînée Louise et moi n'avons jamais manqué de rien. Si vous souhaitez connaître un peu plus mon histoire personnelle, je vous invite à lire l'ouvrage *Elles auraient pu grandir ensemble…*, que j'ai coécrit avec la comédienne et désormais grande amie Patricia Tulasne (voir Bibliographie).

Toute jeune, je sentais en moi une petite flamme qui voulait que je me dépasse, que je découvre le monde et y fasse ma marque. Voilà pourquoi j'ai intitulé le prochain chapitre «Deviens ce que tu veux!»

# Bonheur en famille

*En 1949,*
*mon père, Lucien, ma mère, Madeleine*
*(qui m'a donné une belle confiance en moi),*
*ma sœur Louise et moi à 2 ans.*
*Un beau souvenir !*

*Quinze ans séparent ces deux photos,*
*mais l'amour est toujours au rendez-vous :*

*En 1986*
*(de gauche à droite) :*
*Karina, Josée-France, Jean-Marc,*
*moi-même et mon fiston, Alexandre.*

*En 2001,*
*lors de la Saint-Valentin (de gauche à droite) :*
*avec mes trois enfants bien-aimés,*
*Karina, Alexandre et Josée-France.*
*Jean-Marc prend la photo.*

*Une petite pause d'amoureux
lors du congrès de la Fédération mondiale
de naturopathie, à Lyon, en 1999.*

Mes «belles poupées»
devenues femmes:
Josée-France,
à 16 ans, et Karina,
à 28 ans.

Avec Josée-France,
ma fille cadette:
tout le portrait
de son père !

Avec Karina,
ma fille aînée,
que j'aime
et admire tant.

Mon fils
Alexandre
et moi,
en 1995.

# Deviens ce que tu veux!

*«La vie c'est comme aller en bicyclette.
On ne tombe pas, sauf quand on s'arrête de pédaler.»*

Claude Pepper

*«Il faut apprendre à vouloir.»*

Lionel Groulx

*«Notre croissance ne se fait qu'au prix
d'un émondage constant de nous-mêmes.»*

M.-J. L.

Aujourd'hui, hommes et femmes recherchent plus que jamais le confort.

On s'arrange pour éviter l'effort, pour jouir de la vie de façon trop souvent molle et paresseuse. Quant à moi, je vois l'existence tout autrement.

La personne saine est une personne active qui recherche l'effort et veut augmenter ses forces, en exerçant son corps, ses muscles, sans oublier sa volonté et sa mémoire. Car, pour moi, la vigueur engendre la force vitale et la résistance.

Trop de gens dits civilisés sont des adeptes de «l'avoir plus» et de la mollesse. À chacun sa conception de la richesse… Je n'ai rien contre l'acquisition de beaux vêtements ou même d'objets luxueux, mais de là à en faire le but de ma vie… Un monde me sépare de ces gens qui mesurent tout en termes d'acquisitions.

Je n'aime ni l'illusion ni les rêves et les images stériles. J'aime être en contact avec la réalité. J'écoutais Yvon Deschamps un jour à la télé. D'origine modeste et aujourd'hui très à l'aise, connaissant les deux côtés de la médaille, il estime lui aussi que la vie trop facile gâche la notion du bonheur et ne procure pas le moins du monde une joie de vivre réelle.

## Pour profiter pleinement de la vie

Il importe d'être en marche pour profiter pleinement de la vie. Je suis une fille ordinaire, mais j'ai toujours voulu être extraordinaire. Pas pour impressionner les autres, mais pour m'impressionner moi. Pour me dépasser tout simplement. Et me rapprocher de la meilleure partie de moi-même.

Ce n'est pas pour me démarquer mais, au contraire, pour me centrer et renouer avec mon identité profonde. Car c'est dans ces moments-là que je me sens vraiment en vie.

Je cherche constamment à allumer la petite flamme en moi, celle qui peut faire la différence, celle qui me rapproche de mon être unique; je me mets en situation pour donner à ma force intérieure la chance de s'exprimer. Je ne cherche pas la paix, je cherche la force.

Pour certains, vieillir, c'est se reposer, arrêter, faire une retraite. Pour moi, c'est le contraire. Plus je vieillis, plus je fais de choses... car le temps me presse. Je prends des temps d'arrêt pour me ressourcer, physiquement ou intellectuellement, mais je ne voudrais pas arrêter d'AGIR. L'action est garante de vie.

Je suis intimement convaincue qu'à *n'importe quel âge on peut freiner le processus de vieillissement.*

Voici comment:

- Augmenter l'oxygénation de ses poumons;
- Réduire sa pression sanguine;
- Aiguiser sa vue et son ouïe;
- Restaurer son sourire;
- Améliorer sa mémoire et ses capacités intellectuelles;
- Améliorer la qualité de son sommeil;
- Faciliter sa digestion;
- Simplifier l'élimination;
- Renforcer son dos;
- Affiner sa silhouette tout en ne crevant pas de faim;
- Stimuler sa vie sexuelle;
- Renouveler ses cellules;
- Stimuler son métabolisme;
- Augmenter ses défenses immunitaires;
- Assouplir et embellir sa peau;
- Rehausser son éclat et son humeur.

La liste pourrait bien sûr encore s'allonger… Regardez un à un les éléments de cette liste importante quoique non exhaustive. Je vous sers ici l'apéritif avant de passer au plat de résistance qu'est ma méthode. Cette étape préliminaire est importante. Je vous demande d'y consacrer un moment.

*Prenez quelques minutes pour réfléchir sur votre condition. Repassez chacun des éléments et tentez de voir ce que vous faites pour maintenir ou améliorer votre état.*

_____

_____

_____

_____

_____

_____

_____

_____

_____

_____

_____

_____

_____

Date:_____200\_\_\_

Signature:_____

Vous constatez que vous négligez certains aspects? Vous avez besoin d'un guide, d'une méthode. Grâce à celle que je vous propose, non seulement *vous vous sentirez plus jeune, vous aurez l'air plus jeune et, en définitive, vous serez plus jeune.*

## Rôle de la prévention

Avec cette méthode, vous préviendrez également les maladies dégénératives à long terme.

Oui, on peut défier le temps et ses effets ravageurs, et ce qui est fatigué et endolori peut être revitalisé et restauré. Ce qui est ridé et relâché peut aussi être lissé et tonifié.

Mais cela n'arrive pas grâce à un coup de baguette magique, ni en vous abreuvant à une quelconque fontaine de jouvence.

VOUS seule pouvez contrer les effets vieillissants d'une pauvre alimentation, d'un style de vie trop sédentaire et d'un environnement pollué physiquement ou sur le plan émotif.

Vous devez *absolument* vous donner les conditions nécessaires pour ralentir la pendule du temps. AGISSEZ. À la manière d'un jardinier, soyez attentive à vos manques et carences pour pouvoir les combler.

Grâce à vos bons soins, petit à petit, la plante plus ou moins sèche et rongée par les petits bobos donnera à nouveau de belles fleurs. Des efforts soutenus et de bons nutriments d'appoint ont le pouvoir de redonner la vie.

## Jeune, plus jeune et toujours plus jeune

### Il faut croire que cela est possible: FOI

Je ne parle pas ici d'une foi naïve et aveugle qui veut vous ramener à vos 20 ans.

### Il faut faire le nécessaire: ACTION

On peut rêver, on peut souhaiter, on peut vouloir, mais seule l'action nous mène au succès.

### Il faut être attentif aux messages: DISPONIBILITÉ

Ouvrez-vous à l'invisible, soyez attentive aux messages que vous donnent les éléments de notre environnement et sachez les capter, car ils peuvent vous indiquer la voie à suivre.

*Donnez-vous du temps.* Ce n'est pas du jour au lendemain que vous allez changer votre style de vie. Fixez-vous un échéancier réaliste.

## À RETENIR

Au départ, la détermination est le facteur le plus important de votre réussite. Il faut réagir devant chaque obstacle, par la persévérance et des mots apaisants. N'oubliez pas que vous êtes votre meilleure amie et que cela ne sert à rien d'être trop exigeante.

## Livre de bord

Je vous suggère de tenir un livre de bord, comme un capitaine tient un journal pour une traversée. Notez-y des phrases inspirantes, vos pensées, vos buts, vos frustrations, vos bons coups (vos moins bons aussi), vos trucs pour vous relever, etc. Je vous conseille de les partager avec une complice, car à deux on réussit souvent mieux.

La méthode santé, beauté, vitalité...

## Un livre, une rencontre peut faire la différence

Le fait que vous vous soyez procuré ce livre indique que vous êtes en recherche.

J'espère pouvoir vous apporter ce que vous cherchez, afin que vous puissiez emprunter avec détermination et enthousiasme le chemin du mieux-être, de la vitalité; en un mot, d'une jeunesse renouvelée.

Les choses arrivent parfois dans des circonstances très particulières, souvent inattendues. Lisez ce qui suit et vous constaterez que certains événements ne se produisent pas par hasard, mais plutôt par nécessité.

# Un grand coup du destin

*«La vie est un cadeau. Pour dire merci,
j'ai choisi la voie du mieux-être et de la joie.»*

M.-J. L.

Lorsque j'avais 13 ans, Jean-Marc Brunet est entré dans ma vie pour ne plus jamais en sortir. J'ai épousé plus tard le naturiste et, du même coup, le naturisme. Précisons ici que la philosophie naturiste repose sur deux grands principes: une alimentation saine et un mode de vie équilibré. Et c'est sur ces principes simples que reposent mon bonheur, un mariage heureux et un mode de vie épanouissant. Mon engagement en est un envers la vie, pour aujourd'hui et demain.

## La vie est pleine de surprises

On se rend aussi loin que l'on peut imaginer et, une fois là, on voit toujours plus loin. La vie est pleine de surprises et offre des occasions que l'on doit savoir saisir.

Après un premier mariage d'amour, je me suis retrouvée seule, un peu penaude, mais avec deux beaux enfants, Karina et

Alexandre, pour mon plus grand bonheur. Leur père habitant en Europe, Jean-Marc prit plus au sérieux son rôle de parrain d'Alexandre, qu'il joua de façon égale avec Karina. Presque imperceptiblement, au fil des jours, la toile d'un destin commun se tissait entre nous.

Comédienne très active, j'avais déjà commencé à travailler comme ambassadrice de la santé et de la beauté naturelles. Quelquefois, il m'arrivait d'accompagner Jean-Marc et son équipe lors d'activités de l'Association naturiste du Québec. Lise Dauphin, son adjointe et complice des tous premiers instants, remarquable leader que l'on surnomme encore aujourd'hui «La Popessa», joua un rôle important dans notre rapprochement. À sa suggestion, je décidai d'acheter la maison à côté de celle de Jean-Marc, dans la Petite Patrie, à Montréal.

À cette époque, Jean-Marc était vice-président de la Fédération mondiale de naturopathie, dont il est aujourd'hui président. Il était également propriétaire d'une chaîne de boutiques de produits naturels. Jean-Marc Brunet avait la fibre d'un entrepreneur et de multiples cordes à son arc. Pratiquant toujours la boxe, il a remporté plusieurs championnats. Cet homme possédait une force morale et physique peu commune. Il était également doué pour le bonheur simple; doté d'un cœur tendre et loyal, il réussit à séduire mes enfants avec, entre autres, son don de raconter des histoires. Ces derniers l'adoraient. Tout simplement. Quant à moi, forte de cet appui, je sentais peu à peu de nouveaux horizons s'ouvrir à moi…

## Un homme remarquable

Jean-Marc Brunet, fondateur de plusieurs institutions de santé naturelle et membre de diverses sociétés scientifiques, a joué un rôle de précurseur dans l'introduction de la naturopathie et des médecines douces au Québec. Souvent controversé, en raison de ses vues qui mettaient en cause les approches traditionnelles en matière de santé, il est malgré tout toujours resté fidèle à ses convictions. Ardent défenseur de la santé, il n'a jamais mâché ses mots pour dénoncer les industries «responsables des maladies dégénératives» et dire à ses patients, à ses téléspectateurs, à ses lecteurs et à ses auditeurs que la santé est un capital précieux que nous seuls pouvons faire fructifier.

Encore aujourd'hui, cet homme défend plus que jamais l'importance de la santé personnelle et collective des Québécois par des méthodes naturelles.

Homme de vision et d'influence, il a joué dans la vie de milliers de personnes le rôle d'un agent de changement, plus précisément un agent d'actualisation, pour faire en sorte que les gens écoutent la meilleure partie d'eux-mêmes et s'épanouissent pleinement. Il a signé 33 ouvrages, dont certains ont été traduits en plusieurs langues. Son enseignement est diffusé dans divers pays.

Jean-Marc détecte facilement la vraie nature de la personne qui se trouve en face de lui; si cette personne le consulte, il lui donnera les outils pour qu'elle se réalise pleinement. Exigeant pour lui d'abord, il l'est également pour les autres. Il supporte mal la médiocrité, la tiédeur et la demi-mesure. Il oblige toujours son interlocuteur à se définir, à se situer d'abord pour lui-même, puis, par la suite, dans son environnement.

Homme d'honneur, il accepte mal que l'on ne soit pas de parole. Il maîtrise le verbe avec beaucoup d'aisance (il a suivi lui aussi des cours d'art dramatique), mais il ne dit jamais de paroles en l'air.

## Moment déclic!

Je me rappelle (il y a déjà 30 ans!) une de ses conférences devant près de 1000 personnes à l'Hôtel Windsor. Il avait exposé avec force et brio le rôle de la santé dans la vie de chacun et dans la vie d'un peuple. Il avait insisté sur le rôle d'une alimentation vivante. Cette conférence, en m'ouvrant à une réalité que je soupçonnais mais ne connaissais pas vraiment, m'a profondément marquée. Alors enceinte de ma fille aînée, Karina, je me suis dit dans mon for intérieur que l'enfant que je portais allait bien se nourrir. Puis, ma vie s'enchaîna de façon à me faire comprendre ce que je devais faire. Bizarre le chemin qu'empruntent les forces du destin…

En fait, ma vie a basculé lorsque, quelques mois après mon premier accouchement, je suis tombée malade. J'étais alors au sommet de ma popularité, je travaillais beaucoup et j'étais véritablement épuisée. Je ne me nourrissais pas mal, mais pas bien non plus. Je dormais beaucoup. Je ne prenais encore aucune vitamine; je ne bougeais pas plus qu'il ne le fallait en dehors des répétitions et des enregistrements puisque j'étais trop fatiguée.

Malgré la présence de ma fille Karina qui me comblait, je ressentais un manque d'énergie extraordinaire. J'étais tellement fragile que, lorsqu'un journaliste parla en mal de moi dans la presse écrite, je me suis effondrée en larmes. C'était un moment de ma vie où je me sentais terriblement vulnérable. Ma santé physique et mon moral ne se portaient pas très bien.

Je me regardais dans le miroir et l'image qu'il me renvoyait n'avait rien pour me rendre heureuse. J'étais cernée, terriblement fatiguée et j'avais des douleurs qui me tenaillaient sans cesse le ventre. J'avais 23 ans.

Je fus donc admise à l'hôpital Sainte-Jeanne d'Arc. Après trois jours d'hospitalisation, le médecin se contenta de me dire que c'était simplement de la fatigue. Moi, je savais pertinemment que ces douleurs au ventre n'apparaissaient pas seulement lorsque j'étais fatiguée. Docile, je pris sans ronchonner les cachets prescrits, mais je mangeais sans appétit et mon état ne semblait pas vouloir s'améliorer.

J'étais découragée lorsque soudain, écoutant l'émission du populaire Réal Giguère, j'aperçus Jean-Marc Brunet au petit écran. Mon Dieu! Comment se faisait-il que je n'aie pas pensé à lui avant? Sans perdre une seule minute, j'ai sauté sur le téléphone mais, comme le réputé naturopathe était absent, je dus laisser un message. J'espérais qu'il me rappelle tôt, ce qu'il fit 30 minutes à peine après mon coup de fil.

Jean-Marc, se voulant rassurant et ne connaissant pas la nature de mon mal, me conseilla de suivre les directives du médecin mais, dès ma sortie de l'hôpital, il me recevrait en consultation.

Par un matin de février, frigorifiée par un froid et une humidité intenses, j'entrai pleine d'espoir dans la clinique naturopathique de la rue Saint-Denis, angle Jean-Talon. Celle-ci était animée; je reconnus Lise Dauphin, son assistante, mais je demeurai un peu inquiète.

Jean-Marc Brunet procéda sans tarder à un examen complet; puis, il me questionna longuement sur mes habitudes alimentaires. Il est remonté jusqu'à mon enfance. Il consulta le dossier médical que je lui avais remis en entrant, puis il m'expliqua de A à Z comment fonctionnait le corps humain, comment tout est intimement lié. Il me posa encore des dizaines de questions pour m'annoncer finalement que je souffrais d'«intoxication». Me regardant droit dans les yeux, il me donna une drôle de «prescription»: faire le «grand ménage » de mon système pour repartir à neuf.

Voilà donc la raison qui expliquait mon manque d'appétit, mon épuisement, mon incapacité à maigrir et à suivre un programme d'exercices et, bien évidemment, mes douleurs à l'abdomen et au ventre.

«Bon, c'est bien beau, mais qu'est-ce que je dois faire?» lui ai-je rétorqué un peu éberluée. Il me prescrivit alors quelque chose de surprenant: une cure de jus pour trois semaines. Quoi? Cela me semblait vraiment absurde. Mais j'avais une telle confiance en lui (réputation oblige!) que je suivis à la lettre sa «prescription» (voir Étape 3: désintoxication). Il m'avait promis le retour de ma vitalité; les résultats dépassèrent mes attentes.

Au bout de quelques semaines, j'ai recommencé à prendre des aliments solides. Lise Dauphin, son assistante, me conseilla des recettes naturistes délicieuses et efficaces. À ma grande surprise, j'avais retrouvé un teint rosé, mon regard était plus clair et je maigrissais sans crever de faim. Le plus grand bénéfice était sans aucun doute mon optimisme retrouvé. Je ressentais la joie d'être bien vivante et je fomentais plein de projets.

J'étais très enthousiaste à l'idée de témoigner des enseignements de Jean-Marc Brunet; je pouvais en parler en connaissance de cause. J'avais en effet testé ses enseignements.

## L'enthousiasme, malgré tout, était au rendez-vous!

Je me sentais faire partie d'un mouvement d'avant-garde; je savais d'instinct que c'était ma voie à suivre. La preuve est aujourd'hui faite que ces idées-là avaient de l'avenir. Mais quand on œuvre à côté d'un pionnier, il y a un prix à payer.

Je suis une femme entière et passionnée; même si mes prises de position risquaient de me faire perdre du travail, ce rôle d'ambassadrice me convenait parfaitement et il prit de plus en plus d'importance au cours des années qui suivirent.

À l'époque, certains journalistes et animateurs à la télévision n'ont pas aimé ma mutation et me l'ont reprochée. Je devais, selon eux, faire des efforts pour poursuivre ma carrière et non pas les concentrer sur un mouvement de réforme sociale. Heureusement, les attitudes ont bien changé…

Je suis idéaliste et je crois que le genre humain peut améliorer sa condition au jour le jour par des gestes simples, à la portée de tous. S'occuper de sa santé, entretenir la vie et la vitalité sont des choix importants qui se répercutent sur les activités sociales, professionnelles, familiales, etc.

Jean-Marc Brunet, je n'ai pas honte de le dire, a complètement changé ma conception de la vie et, par conséquent, mon mode de vie. Quand on reçoit beaucoup, on se doit de donner beaucoup. Voilà, je lui suis très reconnaissante et je souhaiterais pouvoir faire la même chose pour vous. Je souhaiterais non pas que vous suiviez bêtement ces enseignements à la lettre, mais que vous adaptiez à votre existence les principes de santé et de vie que je vous propose dans ma méthode.

## Plus que des principes

Ce ne sont pas que des principes, puisque je les traduis dans ma réalité depuis plus de 30 ans. Ce ne sont pas des paroles de perroquet, car je ne répète rien sans l'avoir moi-même testé. Je vérifie tout et j'adapte les enseignements à mes besoins spécifiques de femme ou aux périodes de ma vie (surplus de travail, ménopause, etc.).

Les principes sont toutefois importants car, un peu comme les plans d'un architecte, ils donnent une vue d'ensemble du bâtiment. Mais il faut se mettre à l'œuvre étape par étape si on veut voir des résultats.

Vous ne vous noyez pas en tombant à l'eau, vous ne vous noyez que si vous y restez, ai-je lu un jour quelque part. C'est tellement vrai. Si vous souhaitez quelque chose, il faut agir et avancer pas à pas sur la route que vous vous êtes tracée. Comme dirait Jean-Marc, être *knock-out*, ce n'est rien! Vous n'êtes battue que si vous ne vous relevez pas.

Je crois à la force de l'exemple. Je pratique les principes que je mets de l'avant.

Et je les partage avec vous.

Je vous propose dans cet ouvrage une méthode que vous débuterez à votre rythme. Dans la vie, *il faut savoir faire les changements qui s'imposent.*

Ce sont des changements qui vous mèneront vers la simplicité, des *changements qui vous rapprocheront de la nature et de votre vraie nature.* Et, comme le prochain chapitre le démontre, il n'est jamais trop tard.

# Il n'est jamais trop tard!

*«Le succès n'est pas mesuré
par la position qu'on a atteint dans la vie
mais par les obstacles qu'on a surmontés
en essayant de réussir.»*

Robert T. Washington

*«C'est le commencement qui arrête la plupart des gens.»*

Inconnu

*«Les difficultés ne découragent jamais le sage.
Elles le stimulent. Il redouble de zèle et d'application.
Il persévère et finit immanquablement par l'emporter.»*

Inconnu

**J**e suis convaincue que vous pouvez commencer à tout âge et vous sentir mieux dès aujourd'hui.

Oui, je souhaite vraiment que ce livre constitue un passage à l'acte. Je voudrais qu'il soit votre compagnon, votre guide pour que puissiez être au mieux de votre forme. Savez-vous que des femmes de 60 ans sont plus toniques et rayonnantes que d'autres qui n'en ont que 30!

Bien sûr, si une jeune femme de 30 ans s'y met avec la même vigueur et joie de vivre que celle de 60 ans, elle sera plus fraîche et plus en forme. Mais ce supplément d'âme que l'on trouve chez certaines qui, même plus âgées, ont gardé leur enthousiasme et leur ouverture, leur donne un «je-ne-sais-quoi» d'enviable et d'irrésistible. Je connais une femme de 75 ans, une Viennoise tout à fait charmante; elle a peut-être eu un léger *lifting* (coquetterie oblige!), mais elle est incroyablement en forme. Il n'y a pas que le *look,* croyez-moi! Elle caresse plein de projets et sait être ouverte aux situations et aux êtres. Elle ne passe pas son temps à se plaindre et préfère voir le verre à moitié plein qu'à moitié vide.

Il n'est jamais trop tard pour se remettre en forme ou, du moins, en meilleure forme, pour aller au bout de soi, pour s'améliorer et se sentir bien. «Oui, mais comment?» diront certaines. «J'ai essayé à maintes reprises, sans succès; mes efforts durent un certain temps: un, deux ou six mois, puis je retombe, je m'essouffle ou je me laisse influencer.»

À celles-là, je réponds d'en faire une préoccupation de tous les instants. Je ne vous dis pas d'être obsédée, mais plutôt de ne pas oublier, de ne pas lâcher. Au bout de six mois, cela deviendra automatique.

Aujourd'hui, on vit dans un monde de distractions; il est donc très facile de s'écarter de ses buts, de se laisser bouffer par ceux des autres (on est bonnes là-dedans, les femmes!). Il faut s'accrocher à ses rêves, à ses projections futures (ex.: image de soi mince et rajeunie). Pour cela, il faut avoir une bonne dose de persévérance et d'estime de soi.

Il n'est pas facile de *croire* et d'*entreprendre,* surtout quand on a passé 40 ans. Quand on est jeune, on mise beaucoup sur le paraître. Mais plus on prend de l'âge, plus on accorde de l'importance à d'autres valeurs. C'est une bonne chose, mais il ne faut pas pour autant s'oublier. J'ai connu

une femme ravissante à 20 ans; Dieu qu'elle était jolie et séduisante! Elle avait une nature très séductrice. Elle cherchait
une réponse à sa propre existence dans le regard des autres.
À 40 ans, je l'ai retrouvée, presque obèse, fatiguée et négli-
gée. Cette femme souffrait. Elle ne s'accordait que très peu de
valeur et était exclusivement au service des autres. Elle avait
oublié qu'on ne peut pas donner ce que l'on n'a pas.

Dans la vie, il faut rechercher l'équilibre.

Vous pouvez vous prendre en main, et cela quel que soit
votre âge. Les bénéfices d'une telle opération seront réels dans
votre vie amoureuse, professionnelle, affective et intellec-
tuelle. Non seulement votre corps sera tonifié, mais vos
neurones aussi! Il ne faut JAMAIS abdiquer.

Parlez-vous chaque jour devant le miroir, comme cette ma-
nucure que je connais qui a perdu 50 livres en huit mois.
Chaque matin devant son miroir, elle se répétait avec conviction et enthousiasme: «Vas-y ma grande, t'es bonne, t'es capable. Je t'aime.» Puis, elle se faisait une large sourire. Bête,
comme exercice?

## *Faites-le sérieusement, pendant 21 jours d'affilée*

«Vas-y ma grande, t'es bonne, t'es capable. Je t'aime.»
Vous verrez que vous lâcherez moins facilement. Lorsque
vous vous écartez du droit chemin, dites-vous: «Bon, je suis
tombée. Mais je ne suis pas battue. Il faut vite que je me re-
prenne. Bonne chance, bon courage!» Ça marche. Il faut
vous parler et, surtout, croire que vous allez y arriver. Car si
vous n'y croyez pas, qui y croira?

## Des phrases à répéter comme des mantras

Concoctez-vous des phrases choc et écrivez-les. Elles vous inciteront à passer à l'action. Voici des exemples que vous pouvez répéter à toute heure de la journée, à l'arrêt d'autobus, en attendant votre patron ou votre repas au restaurant:

- *«Je le vaux bien. Je réussirai.»* Il est capital de vous accorder de l'importance. Si la compagnie L'Oréal de Paris réussit si bien, le choix du thème de sa campagne de publicité y est pour quelque chose. Brillante cette idée d'inciter les femmes à prendre soin d'elles. Avec ses produits, bien sûr, mais il s'agit là d'un autre débat!

- *«Fais-le maintenant.»* Il est important de ne JAMAIS remettre à demain ce qui peut être fait aujourd'hui. Dites définitivement adieu à la procrastination (nom de cette fâcheuse habitude de toujours remettre au lendemain)!

À vous de jouer et de trouver les mots qui colleront à votre personnalité et qui, surtout, vous permettront de décoller sans que votre Boeing ne s'écrase après le décollage!


## Une méthode holistique

Voici donc ma méthode, une méthode holistique, c'est-à-dire globale, facile à réaliser, puisqu'elle contient huit étapes bien distinctes. Elle s'adresse à tous les niveaux: corps, cœur, esprit et âme.

La première étape touche la CONSCIENCE, la conscience de soi, pour se voir vraiment telle que l'on est. Être consciente, c'est faire preuve de force, un atout nécessaire pour pouvoir avancer. Vraiment. Et pour la vie.

# Me voir telle que je suis

*«Une femme n'a que l'âge qu'elle paraît avoir.»*

Femme p.75

*«La vitalité, plus que la mode,*
*garde une femme jeune et séduisante.»*

M.-J. L.

*«Personne ne sait ce dont il est capable*
*avant d'avoir essayé.»*

Inconnu

## En toute objectivité

La première étape en est une simple, mais difficile à franchir. Elle fait appel à la lucidité et à l'objectivité. Regardez-vous dans le miroir, de plain-pied et sans artifice. Quand on se regarde dans le miroir, selon les jours, on est:

1-*Trop exigeante:* rien ne va plus, on *ne voit que ses défauts,* on se compare aux stars d'Hollywood, de France ou d'ici, on croule sous les critiques et on s'accable de reproches; bonjour tourments stériles et vœux pieux! Paniquée, il peut arriver que l'on se fixe des objectifs, mais ceux-ci risquent d'être tellement élevés qu'ils ne dureront que l'espace d'un matin.

2- *Trop indulgente*: ici, c'est autre chose. On *voit bien* ses défauts, ses quelques kilos en trop, la mollesse de ses cuisses et de ses bras, ses yeux cernés et son teint livide, mais on ne *veut pas les voir*. Alors, on se dit qu'on a de beaux yeux et on pense aux compliments de notre amoureux la veille. Devant le miroir, on se met dans une position avantageuse, on s'empresse d'oublier ce qui cause nos petits ennuis de santé et on court s'habiller!

Dans les deux cas, on ne se regarde pas de la bonne façon et on ne prend aucune action. On ne peut être efficace dans la correction de ses défauts, car on ne se voit pas bien et on ne se crée pas d'objectifs clairs et précis, réalistes et accessibles.

La lucidité et la conscience de soi sont des atouts extrêmement précieux pour une évolution réelle. On ne peut toujours jouer à l'autruche ou trop se tracasser. Faire preuve de mesure et viser le juste milieu permet d'AGIR vraiment et efficacement. Il faut avoir une image réaliste de soi.


## Le temps, un véritable allié

J'ai connu une femme qui, malgré ses allures de gaieté et d'assurance, n'en menait pas large. Un jour que son mari notait qu'elle se déshabillait dans le noir depuis quelque temps, elle fut soudainement prise d'anxiété. Elle avait cru cacher la vérité à tout le monde: une gaine le jour, un paréo sur son maillot de bain, des vêtements noirs ou foncés plus souvent qu'autrement, des rires aux éclats durant les réunions mondaines pour montrer et démontrer comment elle était bien…

Mais voilà que soudainement, devant cette phrase, elle se sentit coincée. Elle avait à peine 38 ans. Curieusement, elle ne se laissa pas abattre. Elle décida de se voir telle qu'elle était. Au début, elle eut besoin d'aide pour rectifier le tir et changer sa façon de vivre. Elle avait une détermination hors du commun. Elle réalisa que le temps était son meilleur ami.

Six mois pour se refaire une jeunesse, ce n'est pas beaucoup dans une vie. Elle répétait à qui voulait l'entendre: «*Six mois, c'est bien peu. Maintenant et pour toujours, j'ai l'intention de rester jeune toute ma vie. J'y travaille quotidiennement. La vie, c'est comme pour un marathon: il faut s'entraîner tous les jours!*» Plus on change, plus on veut changer, plus on désire pousser nos limites de plus en plus loin. C'est emballant!

Je vous propose maintenant un questionnaire (c'est amusant comme un jeu!) qui vous offre la possibilité d'objectiver les données et de *corriger vraiment* et *pour longtemps* ce qui vous fait souffrir, sur les plans de la santé et de la beauté, qui, comme on le sait, sont intimement liés.

Je vous recommande de le faire avec une amie, une vraie, qui pourra vous aider à mieux voir ce qui se passe. De plus, ce sera un moment d'échanges sympathiques entre vous.

Si vous le faites seule, tâchez d'être la plus objective possible. Avec le sourire…

IL EST D'ABORD IMPORTANT DE FAIRE DES CONSTATS.
QUANT AU PROGRAMME D'ACTION, VOUS LE METTREZ
EN MARCHE UNE FOIS LA LECTURE DE CE LIVRE TERMINÉE.

Divertimento!

*«Une femme a des âges divers:*
*celui qu'elle paraît avoir,*
*celui que lui donnent ses amis,*
*celui qu'elle avoue*
*et celui qu'elle cache.»*

Achille Tournier

## ❊ Vous avez l'âge de votre peau, de votre allure et de votre forme!

* *Quel âge avez-vous?* _____
* *Quel âge vous donne votre miroir?* _____
* *Quel âge vous donne-t-on?* _____

Constat:

_____
_____
_____
_____
_____
_____
_____
_____

Action:

_____
_____
_____
_____
_____
_____
_____
_____

### ✳ Votre visage

- *Votre visage est-il ridé?*
  *Peu ......   Normalement ......   Très ......*
- *Votre teint est-il éclatant?*
  *Peu ......   Normalement ......   Très ......*
- *Votre regard est-il brillant?*
  *Peu ......   Normalement ......   Très ......*
- *Votre ovale est-il ferme?*
  *Peu ......   Normalement ......   Très ......*

Constat:

_____
_____
_____
_____
_____
_____

Action:

_____
_____
_____
_____
_____
_____

La méthode santé, beauté, vitalité...

### ❋ Votre allure

- *Votre allure générale est-elle jeune et saine? ......*
- *Faites-vous votre poids santé?*
  *Mon poids santé est: ...... kg*
  *J'accuse ...... kg en plus, ...... kg en moins.*
- *Durant les cinq dernières années, combien de kilos avez-vous pris chaque année? ...... kg.*
  *Ce qui totalise une prise de poids de ...... kg au total.*
- *Votre maintien est-il bon, le dos droit, les épaules et la poitrine dégagées?*
  *Très bonne posture ......*
  *Bonne posture ......*
  *Mauvaise posture ......*
- *Votre démarche est-elle vive et alerte?*
  *Oui ......   Assez ......   Non......*

Constat:

_____
_____
_____

Action:

_____
_____
_____

### ✳ Votre forme

- Fermeté et souplesse
  *Mon corps est ferme. Très... Assez... Peu...*
  *Mon corps est souple. Très... Assez... Peu...*
- Résistance à l'effort
  *Élevée... Moyenne... Basse...*
  *Symptômes: Je m'essouffle facilement,*
  *j'ai des palpitations, je rougis, je sue à rien...*
- Énergie
  *Élevée... Moyenne... Basse...*
  *J'ai l'impression d'en avoir à revendre...*
  *Je traîne de la patte...*

Constat:

_____

_____

_____

_____

_____

Action:

_____

_____

_____

_____

_____

La méthode santé, beauté, vitalité...

## ✳ MON PORTRAIT SANTÉ-BEAUTÉ

*Date:* _____*200*___

*Mes atouts sont:*

_____

_____

_____

_____

*Mes faiblesses sont:*

_____

_____

_____

_____

## SANTÉ-vous bien!

Il est temps de redéfinir vos objectifs de santé de façon réaliste. Donnez-vous la chance de vous retrouver pleine d'énergie et en beauté pour être mieux dans votre peau.

Il y a longtemps que j'ai compris que *la santé n'est pas définitive*. C'est une notion en constante évolution, une notion dynamique qui se modifie au fil des jours; voilà pourquoi le travail et la vigilance s'imposent au quotidien.

Notre système est d'une très grande complexité; mais, heureusement, il est régi par un ordre rigoureux. C'est la vie qui conserve la structure des cellules, des tissus, des organes, en réglant minutieusement la température du corps, la circulation et l'élimination.

Comme le disait Jean-Marc, les relations entre ces trois systèmes sont si étroites qu'il faut faire attention de ne pas les bousculer ou les détruire.

Je vous propose d'être attentive à vous-même et de fournir les efforts nécessaires. Même moi, après toutes ces années, je dois encore faire des efforts. Parfois, il faut que je me parle, que je me gronde même… lorsque l'envie n'y est pas! Mais je pense aux résultats, c'est cela qui me motive. Qu'en est-il pour vous?

La détermination et le respect de soi doivent être au rendez-vous de cette première étape: me voir telle que je suis. Je vous convie donc à la deuxième étape, où nous allons regarder plus précisément ce qui se passe sur le plan de votre santé.

Je ne crois pas avoir à vous convaincre de la pertinence de cette démarche car, en surveillant de près les divers aspects de sa santé, on s'assure une belle qualité de vie et une bonne longévité.

Plus la beauté, jusqu'à la fin de ses jours!

# L'importance d'un examen annuel

*«Si vous ne prenez pas le temps
de vous occuper de votre santé dès aujourd'hui,
vous allez être contrainte de vous occuper
de vos maladies plus tard.»*

M.-J L.

*«La santé, pourquoi attendre
d'en manquer pour l'apprécier?»*

M.-J. L.

## S'occuper de soi, vraiment!

Il est en effet capital de surveiller sa santé, car elle est intimement liée à l'acquisition et au maintien de la beauté. Être à l'écoute de son corps est une marque de respect envers soi. Il faut, sans être hypocondriaque, être attentive à son évolution. En vieillissant, le corps s'use et devient souvent plus vulnérable. D'où l'importance de prêter attention à certains symptômes et d'y voir sans tarder.

Certaines femmes prétendent s'occuper d'elles: elles s'achètent de nombreux vêtements, de beaux atours (accessoires, bijoux); elles embellissent leur corps de leur mieux en cachant les dommages causés par leur négligence. Plusieurs sont de formidables championnes pour les opérations «camouflages»! Mais attention, la réalité finit toujours par rattraper les apparences.

## Mieux qu'une poubelle

Aussi longtemps que nous n'accorderons pas assez d'importance à la santé de notre corps, nous ne traiterons ce dernier «guère mieux qu'une poubelle vivante», comme le souligne à juste titre le docteur Robert G. Jackson dans son ouvrage *Ne plus jamais être malade*. Son histoire personnelle est très éloquente. À l'aube de la cinquantaine, cet homme souffrait de maux effroyables qui persistaient malgré de nombreux traitements: sa digestion était très déficiente, ses dents tombaient, ses articulations enflammées entravaient la plupart de ses mouvements, des maux de tête atroces le faisaient beaucoup souffrir, sans compter les névrites qui l'empêchaient de dormir.

Pourtant, il est mort à plus de 90 ans, d'un accident bête. Il était alors en parfaite forme, capable de travailler comme médecin de 10 à 12 heures par jour. Comment a-t-il réussi?

En changeant progressivement son style de vie, en revenant à la simplicité dans sa façon de se nourrir, de bouger et de penser.

Je suis certaine que vous souhaitez, que vous VOULEZ changer. Mais avant de modifier quoi que ce soit, il faut aller aux informations, savoir dans quel état notre machine se trouve; pas nécessairement pour déceler des maladies, mais des petits malaises porteurs de messages afin d'en connaître les causes. Une visite auprès de spécialistes peut grandement vous aider.

## Voir clair, pour mieux avancer!

Faire le bilan de sa santé est une étape importante dans ma méthode, car il faut savoir qui on est pour pouvoir s'améliorer. Je connais plusieurs personnes qui ont peur du praticien, du médecin ou du naturopathe; elles préfèrent rester avec leurs malaises, de peur qu'on leur trouve une maladie.

J'aimerais préciser que je ne donne pas de conseils dans cet ouvrage pour contrer une maladie, car j'estime que personne ne peut remplacer un praticien en santé. Mais je peux toutefois vous assurer que ma méthode vous aidera à *prévenir* les malaises et les maladies, parce qu'elle prône un mode de vie simple et équilibré ainsi que des valeurs qui, au jour le jour, affineront votre conscience.

Vous êtes seule responsable de votre santé-beauté. Il suffit de prendre les moyens. Vraiment.

Pour maintenir sa santé, outre une vigilance quotidienne de votre part, je vous propose un doublé: une visite chez le médecin (fréquence annuelle) et une autre chez le naturopathe (au besoin).

### Faire le bon choix

La compétence et l'intégrité sont les deux grandes qualités du médecin que j'ai choisi. La CONFIANCE doit régner dans nos rapports avec notre médecin. Il est relativement facile d'accorder sa confiance quand tout va bien, mais le jour où les choses tourneront moins rondement, est-ce que la confiance sera encore au rendez-vous? Voilà ce qu'il faut vous demander lorsque vous choisissez votre médecin.

J'ai choisi le docteur Suzanne Venne parce que cette femme médecin fait preuve d'ouverture face aux nouvelles approches. Elle n'est pas enfermée dans une sorte d'orthodoxie paralysante et arrogante du genre «Docteur sait tout» et qui critique les méthodes naturelles.

Moi, j'ai choisi une femme car je me sens plus à l'aise avec une personne du même sexe pour discuter de certains sujets et aussi pour partager un certain vécu intérieur.

Ce médecin me voit depuis des années et j'apprécie sa compétence et son côté humain.

- *Quel est votre médecin?*
  _____

- *Avez-vous vraiment confiance en cette personne?*
  _____

- *Fait-elle preuve de compétence et d'intégrité?*
  _____

- *À quand remonte votre dernière visite?*
  _____200 _____

## Examens incontournables

- Dès l'apparition des menstruations:
  examen annuel gynécologique (col de l'utérus).
- Dès le début de la vie sexuelle:
  examen pour MTS (maladies transmises sexuellement).
- À partir de 20 ans:
  examen des seins par le médecin, pratique doublée de l'auto-examen des seins, même si cette pratique semble contestée par certains en ce moment.
- À partir de 35 ans:
  examen annuel complet incluant l'examen gynécologique (col de l'utérus).
- À partir de 50 ans:
  examen annuel complet incluant l'examen gynécologique (col de l'utérus), une mammographie tous les deux ans et un dépistage de l'ostéoporose.

Chez le médecin, vous pourrez, grâce aux examens de routine, vérifier:

- votre tension artérielle;
- votre taux de cholestérol;
- votre taux de sucre dans le sang;
- votre taux de pression sanguine;
- votre taux de fer;
- votre rythme cardiaque;
- vos réflexes;
- votre acuité visuelle minimale.

Vous pourrez tenter d'avoir en main, après tous les examens, une fiche santé complète.

## ❄ VOTRE FICHE

- *Votre âge?* _____
- *Votre poids?* _____
- *Votre poids santé?* _____
- *Votre teint et vos yeux sont-ils clairs?* _____

## VOTRE SYSTÈME NERVEUX

- *Souffrez-vous de fatigue et d'insomnie régulièrement?* _____
- *Êtes-vous fréquemment stressée?* _____
- *Êtes-vous facilement irritable?* _____
- *Avez-vous des palpitations cardiaques?* _____
- *Souffrez-vous de migraines fréquentes?* _____

## VOTRE SYSTÈME SANGUIN

- *Saignez-vous facilement du nez et vous faites-vous des ecchymoses souvent?* _____
- *Votre sang coagule-t-il rapidement?* _____
- *Êtes-vous confuse mentalement?* _____
- *Souffrez-vous de varices, du symptôme des jambes lourdes, de crampes aux membres inférieurs?* _____
- *Souffrez-vous de froidure aux pieds et aux mains?* _____

## Important la fidélité!

Je fréquente mon omnipraticienne depuis plus de dix ans. J'estime qu'il est important d'être fidèle à son médecin car, comme il vous connaît bien, il peut être plus attentif à votre cas. La femme, à cause des étapes qu'elle franchit au cours de sa vie, est appelée à consulter le médecin plus souvent qu'un homme. Mais certaines femmes se négligent malgré tout. Je vous conseille d'être fidèle à votre médecin et à votre rendez-vous annuel.

Il est primordial que le médecin prenne en considération nos antécédents familiaux afin de prévenir certains malaises et maladies, tout en insistant sur la biochimie générale de la personne:

- le bilan lipidique;
- la fonction thyroïdienne;
- l'analyse d'urine;
- l'hématologie générale.

## Situation claire

Une fois l'examen terminé, je ne peux pas jouer à l'autruche, je ne peux plus tricher. Les résultats des analyses sont précis et ne laissent planer aucun doute. Je peux voir mes faiblesses avant qu'elles deviennent des problèmes.

Personnellement, je ne manque jamais un examen chez le médecin mais, comme je crois en la prévention, c'est avec les méthodes naturelles, basées sur l'approche hygionomiste, que j'ai réussi à atteindre une santé optimale et non seulement à éviter d'être malade.

## L'approche hygionomiste

Cette méthode est un dialogue qui nous permet de faire, au jour le jour, un profil santé, pour ensuite agir conformément aux règles de santé et à notre nature.

Lise Larose, N.D., pionnière et naturopathe convaincue, membre du Collège des naturopathes du Québec, applique pour sa part l'approche hygionomiste. Afin de démystifier et d'apprivoiser la naturopathie, Lise Larose nous en décrit les étapes.

Lors de la première rencontre, elle tente de cerner le motif de la visite et précise la durée de la consultation, soit une heure en moyenne. Normalement, un minimum de trois rencontres est nécessaire pour venir en aide à une personne. «Je dispose de deux outils pour bien cerner le profil santé d'une personne: le *journal alimentaire* et le *mode de vie*.»

### Le journal alimentaire

En premier lieu, le naturopathe demande à sa patiente ou à son patient de lui fournir par écrit son *menu quotidien pour une période de 15 jours*. Ce journal doit comporter l'identité de l'*aliment* et le nombre de *portions*. Il est important de préciser tout ce que l'on MANGE et BOIT chaque jour.

# ✳ JOURNAL ALIMENTAIRE

*Date:* _____*200_*

*DÉJEUNER:*                                    *Heure* _____

*Légumes*            _____

*Fruits*               _____

*Protéines*          _____

*Féculents*          _____

*Lait*                 _____

*Gras*                _____

*Liquide*            _____


*COLLATION:*                                 *Heure*_____

*Aliment*            _____

*Liquide*            _____


*DÎNER:*                                         *Heure*_____

*Légumes*            _____

*Fruits*               _____

*Protéines*          _____

*Féculents*          _____

*Lait*                 _____

*Gras*                _____

*Liquide*            _____

```
COLLATION:                              Heure_____
  Aliment      _____
  Liquide      _____


SOUPER:                                 Heure _____
  Légumes      _____
  Fruits       _____
  Protéines    _____
  Féculents    _____
  Lait         _____
  Gras         _____
  Liquide      _____


COLLATION:                              Heure _____
  Aliment      _____
  Liquide      _____
```

Les habitudes alimentaires sont révélatrices du souci santé de la personne. Il est évident que, selon le type de travail (physique ou non), le métabolisme (lent ou rapide), l'âge de la personne et plusieurs autres données, des recommandations rigoureuses seront faites.

## Le mode de vie

Par la suite, le naturopathe tente de cerner le mode de vie de sa patiente ou de son patient, à l'aide d'un questionnaire précis.

# ✺ MODE DE VIE

1) *Quels sont les antécédents familiaux (histoire médicale de la famille)?*

_____

2) *Quelles sont les maladies personnelles antérieures?*

_____

3) *Quelles sont les opérations subies, s'il y a lieu?*

_____

4) *Quelles sont les habitudes de vie:*
* *Sommeil:*
  *nombre d'heures en moyenne et qualité*

_____

* *Exercice:*
  *nombre d'heures par jour et type d'exercice*

_____

* *Équilibre émotionnel:*
  *faire le tour de la situation sans tomber dans les détails (conjoint, enfants, parents à charge, ami, etc.)*

_____

* *Travail:*
  *nombre d'heures par jour et qualité de vie*

_____

- *Relaxation:*
  *nombre d'heures par jour et type de détente*

  _____

- *Oxygénation:*
  *nombre d'heures par jour et type d'oxygénation*

  _____


*5) Quel est le degré de vitalité de la personne?*
- *Tonus musculaire:*
  *Élevé ...... Moyen ...... Faible ......*
- *Qualité de la peau:*
  *Élevé ...... Moyen ...... Faible ......*
- *Qualité des ongles:*
  *Élevé ...... Moyen ...... Faible ......*
- *Qualité des cheveux:*
  *Élevé ...... Moyen ...... Faible ......*
- *Pilosité:*
  *Élevé ...... Moyen ...... Faible ......*
- *Quelles sont les carences vitaminiques?*

  _____

Par une série de questions, on tente ici de connaître des symptômes particuliers qui pourraient détecter certaines carences. À ce sujet, vous pouvez consulter *Mon guide de santé naturelle*, offert chez Jean-Marc Brunet Le Naturiste.

## Niveau optimal de santé

À l'aide des informations obtenues, le naturopathe peut désormais faire ses recommandations qui, dans la majorité des cas, ont trait à une correction alimentaire et un réajustement des habitudes de vie. Il peut aussi prescrire quelques suppléments afin de combler les carences et contrer les faiblesses.

«Le patient, estime notre spécialiste, a tout en main pour améliorer sa santé. Il lui appartient toutefois de faire le chemin.» Et cela, comme je le dis dans mon ouvrage, pour être au mieux de sa forme.

Au bout d'un mois, le patient revient voir le naturopathe en apportant son nouveau journal alimentaire, revu et corrigé. Le spécialiste peut alors mesurer les progrès accomplis, de concert avec la personne. Si, pour une raison ou une autre, des ajustements sont encore nécessaires, une visite supplémentaire sera fixée, également un mois après.

Car il faut toujours une période de 21 jours pour changer ses habitudes. Par la suite, une fois l'alimentation et le mode de vie bien stabilisés, le patient reviendra consulter le naturopathe au besoin ou à l'apparition d'un malaise ou d'un inconfort.

## Choix du naturopathe

Pour choisir un naturopathe, il n'y a rien comme de demander une recommandation auprès du Collège des naturopathes du Québec: 1 (877) 596-1122. L'organisme pourra vous conseiller en fonction de vos critères (sexe, proximité géographique avec votre domicile, etc.).

Une consigne importante demeure: même si un naturopathe vous est recommandé, vous devez avant tout avoir CONFIANCE en lui. Car sans cette confiance, les résultats se feront attendre.

La personne doit être inspirante. J'ai parfois vu des médecins ou des intervenants dans le domaine de la santé prêcher une chose et en pratiquer une autre. Pas très inspirant!

## À la carte et gratuit

Si vous ne souffrez pas de problèmes particuliers, mais que vous souhaitez avoir une réponse rapide sur un sujet donné (ex.: je manque d'énergie, j'ai des examens à passer bientôt, existe-t-il des vitamines pour m'aider?), que faire?

Je vous suggère de téléphoner au 1-888-562-7268; une conseillère experte de Jean-Marc Brunet Le Naturiste se fera un plaisir de trouver pour vous une solution simple et surtout professionnelle.

## Un rituel au jour le jour

S'occuper de soi et de sa santé, aussi bizarre que cela puisse paraître, ne semble pas être une habitude courante. Les gens préfèrent gérer la vie des autres que la leur. C'est plus facile, peut-être, mais, croyez-moi, beaucoup moins gratifiant! Car bien s'occuper de soi au jour le jour peut faire toute la différence, et les résultats ne tardent pas à arriver. *Toutes les mesures mises de l'avant en vue d'une santé optimale sont des rituels au jour le jour qui rendent hommage à la vie.*

## Prochaine étape cruciale

Le corps, cette machine formidable, s'encrasse au fil des ans. Il faut donc de temps à autre faire un ménage. L'une des façons de purifier l'organisme est de pratiquer la désintoxication. Cette étape, objet de mon prochain chapitre, est cruciale. En effet, les aliments et les suppléments alimentaires correctifs que vous prendrez verront leurs effets décupler; votre énergie ainsi que votre tonus physique et moral en seront grandement améliorés. Les bénéfices reliés à cette pratique sont nombreux et c'est pourquoi elle constitue la troisième étape de ma méthode.

# Diverses facettes de ma personnalité

*Lors de ma dernière prestation au théâtre (perruque blonde!), au centre culturel de Drummondville pour la présentation de la pièce* Peinturés dans le coin *de Gilles Latulipe (été 2000).*

*Une vice-présidente aux relations publiques tout à fait dynamique ! En doutez-vous?*

*Donnant une conférence sur «Les centres de santé de l'avenir» au Château Champlain lors d'un congrès annuel de la compagnie Jean-Marc Brunet Le Naturiste.*

*En juin 1995, au Forum de Montréal,*
*à l'émission* L'enfer, c'est les autres.
*Mon mari fut mon premier professeur de boxe !*

*Lors du dernier marathon*
*du Festival de la santé à Montréal,*
*édition 2001, entourée de la championne olympique*
*en patinage de vitesse, Christine Boudrias,*
*et d'Alexandre D. Brunet, mon héros…*

Étape 3

# Désintoxication, un bien essentiel

*«Nettoyer nos humeurs (la désintoxication) nous met de bonne humeur. Est-ce à dire que les gens de mauvaise humeur auraient besoin d'une bonne cure de nettoyage? En 30 ans d'observation, j'en ai vu plusieurs qui souriaient davantage parce qu'ils se sentaient mieux...»*

M.-J. L.

*«La santé est la condition normale des êtres vivants et seules nos mauvaises habitudes de vie répétées peuvent éventuellement détériorer la santé...»*

Jean-Marc Brunet

## Énergie, vitalité et beauté

Nous sommes tous, à divers degrés, intoxiqués. Mais certains le sont plus que d'autres, au point d'éprouver de sérieux malaises ou, pire, de tomber malades.

Je crois, pour l'avoir vécu, aux vertus de la désintoxication (voir le chapitre Un grand coup du destin). On tend aujourd'hui à la surcharge dans toutes les sphères de nos vies: on consomme trop, on mange trop, on boit trop, on a trop d'émotions, trop de travail, trop d'infos dans la tête, trop de vitesse… C'est ce «trop» justement qui contribue à nous intoxiquer.

J'estime, comme tous les adeptes de la naturopathie et du naturisme, que la guérison est un phénomène vital inhérent à la matière vivante. L'organisme possède d'incroyables capacités de récupération lorsqu'on lui offre l'occasion de les utiliser.

Le principe est simple: RENFORCER la VITALITÉ de l'organisme.

En premier lieu, essayons de reconnaître les symptômes d'un système intoxiqué.

---

## ※ LISTE DES SYMPTÔMES

- *Mon système nerveux est-il en bon état?* _____
- *Est-ce que je m'énerve pour tout et pour rien?* _____
- *Ma respiration est-elle suffisamment profonde?* _____
- *Est-ce que je cherche souvent mon souffle, en montant les escaliers par exemple?* _____
- *Ma circulation est-elle bonne?* _____
- *Est-ce que j'ai des crampes dans les jambes?* _____
- *Mon système d'élimination (toxines et déchets) est-il efficace?* _____
- *Est-ce que j'élimine suffisamment?* _____
- *Mon système immunitaire est-il efficace?* _____

---

- *Est-ce que j'attrape tout ce qui passe?* _____
- *Mon poids, malgré mes restrictions alimentaires, reste-t-il trop élevé?* _____
- *Est-ce que je souffre de maux de tête fréquents?* _____
- *Ai-je des douleurs rhumatismales ou arthritiques?* _____

## ÉNERGIE, VITALITÉ ET BEAUTÉ

Entre vous et moi, les fruits et les légumes constituent les meilleurs cosmétiques qui soient.

## 1 Cures de jus de légumes crus et de fruits frais

- chaque saison (3 jours)

- chaque semaine (1 jour)

## CONSEIL

Je ne connais pas votre condition de santé; alors, si vous avez un doute quant aux cures de jus ou dépuratives, il vaut mieux en parler à votre praticien en santé avant de commencer cette pratique.

Pour être en super forme

### Valeur ajoutée

- Nettoyer en profondeur l'organisme, adieu toxines, adieu douleurs!
- Activer le métabolisme;
- Refaire le sang;
- Embellir l'épiderme et éclaircir le teint;
- Perdre du poids.

Les jus de fruits et de légumes crus occupent une place importante dans le maintien ou l'augmentation d'un organisme tonique et en santé. Ils offrent une source d'énergie et de vitalité sans pareilles.

Les meilleurs moments pour une cure saisonnière sont au début du printemps et de l'automne. Comme moi lorsque j'ai débuté ma première cure, vous verrez à quel point votre organisme a une formidable capacité d'autoréparation. Il s'agit de lui fournir les moyens de mettre en branle ce processus. Une personne qui a recours au jus régulièrement, une fois par semaine, voit son état de santé s'améliorer grandement.

Parfois, lorsque je suis appelée à me déplacer, je prends les meilleurs jus de légumes ou fruits embouteillés, sans sucre ajouté ni additif.

Mais l'idéal est de faire ces jus à l'aide d'un extracteur à jus (il y en a de tous les prix sur le marché). Il est important que les fruits et les légumes soient de première qualité. Un conseil: achetez-les en grande quantité pour faire des économies.

Jus de fruits: ils ont des propriétés désintoxiquantes.

Jus de légumes: ils permettent de régénérer les tissus.

Il est préférable de boire le jus tout de suite après son extraction, car boire un jus oxydé peut être toxique.

## Principes nutritifs des jus

- Vitamines;
- Sels minéraux;
- Oligo-éléments;
- Bioflavonoïdes.

**NOTE**

Les jus de fruits renferment des sucres complets directement assimilables par le système. Facilement digestibles, ils sont dans notre sang 15 minutes après leur consommation. On y trouve également une petite quantité de protéines, de matières grasses, des enzymes et de la cellulose.

Les jus présentent aussi l'avantage de consommer crus des aliments qui, souvent, doivent être mangés cuits. On augmente ainsi considérablement l'apport de ces végétaux, sans pour autant surcharger le tube digestif. Les jus conviennent à tous.

## Valeur ajoutée

- Vivifier le système nerveux;
- Régénérer les glandes;

- Lutter contre l'acidification des tissus (car ils laissent un résidu alcalin).

Personnellement, lorsque je fais cette cure trois jours en ligne, je me sens toute ragaillardie au bout d'à peine deux jours, même si j'ai parfois mauvaise haleine (normal, la chasse aux toxines est ouverte!) ou je me retrouve avec un petit bouton sur le visage (élimination). Rappelez-vous que j'ai déjà fait cette cure durant trois semaines («prescription» de Jean-Marc Brunet lors de ma première visite à la clinique naturopathique) et je que m'étais alors complètement rétablie.

Pour faire ses cures, il faut être bien décidée; expérimentez-les et vous vous sentirez merveilleusement bien.

### Comment?

- Faites une journée par semaine ou trois jours d'affilée, en début de saison;
- Prenez 8 à 10 onces (250 à 300 ml) de jus, trois ou quatre fois par jour; notez que la première journée, la faim se manifestant davantage, vous prendrez un ou deux verres de plus;
- Savourez LENTEMENT chacune des gorgées;
- Buvez beaucoup d'eau et des tisanes dépuratives (par exemple, la *Formule n⁰ 7* de JMB Le Naturiste pour nettoyer le foie: écorce de bourdaine, racines d'angélique, racines de réglisse, boldo, verveine, reine-des-prés et aigremoine.

Ne faites pas de grosses quantités de jus à la fois.

## À chacune sa cure!

Je vous recommande de doser les composantes selon vos préférences. La carotte a un effet dépuratif plus marqué. Alors, attention, allez-y mollo au départ! Si non, comme votre foie travaille fort, vous risquez d'être incommodée par des crampes au ventre et de fréquentes visites aux toilettes! Ce n'est pas alarmant mais cela peut être gênant.

Quand on fait un grand ménage, on se retrouve avec des manifestations auxquelles on n'est pas toujours habitué. Mais il est normal d'avoir quelques réactions. C'est un signe que le corps réagit bien!

- Carotte et betterave:
  riche en potassium, ce jus est une bonne source de soufre et de phosphore. Il refait la formule sanguine, donne de l'entrain et de l'énergie. Il est tout à fait indiqué pour celles qui souffrent d'anémie ou, simplement, qui ont besoin de recharger leur batterie. C'est dé-li-cieux!

- Carotte et céleri:
  ce mélange réduit l'acidité. Il est excellent pour combattre les manifestations arthritiques et rhumatismales; c'est un véritable tonique pour le système nerveux et il est recommandé à celles qui

ont des problèmes d'articulation et à celles qui ne veulent pas en avoir.

- Carotte, céleri et pomme:
  il est très équilibré, nettoie le foie et redonne les minéraux à l'organisme. C'est le jus le plus populaire!

- Carotte, céleri et feuille de navet:
  il est merveilleux pour les foies paresseux et les troubles de la vessie. Eh oui!

- Chou, concombre et pamplemousse:
  c'est l'un des meilleurs diurétiques connus, avec des propriétés antiseptiques. Il nettoie le tube digestif et excelle contre la rétention d'eau!

### Pourquoi des jus, pourquoi pas des fruits complets?

Je sais que l'utilisation d'un extracteur de jus permet de bénéficier des éléments les plus vivants des fruits et légumes frais. Deuxièmement, certains légumes qui sont généralement mangés cuits, comme la betterave, peuvent être avantageusement consommés crus sous forme de jus. De plus, pour aller chercher une bonne quantité de minéraux et de vitamines, il faudrait manger beaucoup, beaucoup de fruits et de légumes. Mission souvent impossible! Alors que, sous forme de jus, nous pouvons en prendre une bonne quantité.

## 2   Cures dépuratives: liquides ou sèches

Quand on se sent le foie engorgé, cela se manifeste par toutes sortes de malaises: gonflements, digestion difficile, perte de vitalité, fatigue extrême, problèmes de peau. Vous pouvez vous procurer des formules toutes faites en ampoules de 10 ml dans les magasins d'aliments naturels. Ce sont des mélanges de grande qualité composés de jus purs non dilués et biologiques, sans addition de solvants, sans alcool, sans sucre et sans agents de conservation chimiques. Tout cela pour conserver les *principes actifs* des ingrédients de ces formules!

Pendant ces cures, nous surveillons encore davantage ce que nous mangeons. Les repas peuvent varier, incluant des mets végétariens et d'autres aliments sains et vivants. Mais nous mangeons!

### Comment?

*   Le matin, au lever et à jeun, buvez le contenu d'une ampoule. Ces cures durent normalement un mois, mais vous pouvez y recourir au besoin (le lendemain de la veille, par exemple, rien n'est plus indiqué qu'une ampoule *Rapha 2000* de JMB Le Naturiste). Gardez-vous toujours ces ampoules dépanneuses à portée de main; vous sentirez mieux plus vite! Il est préférable d'en prendre tout de suite que d'attendre de débuter une cure de 30 jours!

- En *voyage*: quand on a le mal de mer, que l'on souffre du décalage horaire, que l'on a fait des excès de table, que l'on soit en avion ou en voiture, il est indispensable, à mon avis, d'avoir un flacon de *Phytobil* (100 ml) de JMB Le Naturiste. Il contient du boldo, de l'artichaut, du pissenlit et, pour le goût, de l'huile essentielle de cannelle.

Parmi les ingrédients, soulignons quelques éléments vedettes et leurs propriétés:

- Artichaut: il contribue à décongestionner le foie, augmente la sécrétion de la bile et aide à équilibrer le taux de cholestérol.

- Radis noir: il nettoie le foie et la vésicule biliaire et stimule les fonctions intestinales.

- Boldo: il stimule le foie et la bile.

- Pissenlit: cette plante stimule la production de la bile; c'est utile dans le cas de digestion lente.

- Cascara sagrada: c'est un laxatif purgatif qui agit sur le gros intestin. Attention, à le consommer en solo et avec modération!

- Bouleau: arbre de la sagesse, il augmente les déchets de type urique; excellent diurétique.

- Reine-des-prés: utile à la digestion, cette plante aide les reins à éliminer les toxines.

Dans les formules les plus populaires, citons: *Cure Santé*, *Rapha 2000*, *Raphanus* et *Betullus* (en ampoules chez JMB Le Naturiste). Si vous les préférez sous forme de comprimés, optez pour *Artaubier Foie Reins* et *Artichaut Foie*.

## La désintoxication par les reins, le foie, l'intestin, la peau et les poumons

### 1   LES REINS

Pour nettoyer les reins, l'eau est une alliée sûre. Buvez plusieurs verres d'eau par jour. Mais *l'eau est une alliée sûre* à condition qu'elle soit bonne. Faites-la analyser par votre municipalité. Mettez un filtre à votre robinet si elle n'est pas de qualité; vous éviterez ainsi beaucoup de problèmes. Si vous n'aimez pas le goût de l'eau, vous pouvez vous faire des tisanes de toutes sortes, certaines pour leurs propriétés, d'autres pour le goût, ou pour les deux! Elles sont vos meilleures alliées:

- Camomille: calme
- Menthe: stimulant général
- Queues de cerise: aide à l'élimination
- Tilleul: relaxant et anti-stress

On peut aussi prendre des formules de plusieurs plantes en tisane qui permettent une action diurétique en augmentant l'élimination d'eau par les reins. Le mélange que je prends souvent est la *Formule n⁰ 5* (foie et reins) de JMB Le Naturiste: feuilles de boldo, écorce de bourdaine, feuilles de cassis, queues de cerise, racine de chiendent, feuilles de frêne, baies de genévrier, herbe de prêle, racine de réglisse, herbe de reine-des-prés, herbe d'aigremoine, herbe d'hysope, herbe de verveine.

## CONSEIL

Si vous voulez absolument sucrer, utilisez du miel ou du sirop d'érable ou encore du fructose.

## 2   LE FOIE

Le foie est un organe essentiel qui requiert les meilleurs soins et une attention toute particulière.

C'est fou tous les symptômes qui révèlent un foie mal en point: maux de tête, constipation ou mauvaise haleine. Le foie est un filtre, un organe purificateur. Juste pour vous donner une idée, il nettoie quelque 700 litres de sang toutes les 24 heures. C'est un travailleur acharné et multimédia, si je peux dire: en effet, il agit sur plus d'une fonction dans l'organisme. Il participe à la digestion des aliments, permet une bonne formation du sang et une transformation adéquate des protéines et des graisses, neutralise certains poisons (caféine, sucre chimique, nicotine, additifs chimiques de toutes sortes) et supervise la production de plusieurs enzymes. Toutes ces fonctions sont essentielles pour garder l'organisme humain en forme et bien vivant. Lorsque le foie est mal en point, imaginez combien le corps souffre et s'intoxique.

C'est également le foie qui produit de la bile; celle-ci, entre les repas, se niche dans la vésicule biliaire et, à son tour, se transforme et régularise son évacuation.

## CONSEIL

Souvent, au coucher, surtout si vous avez fait quelques excès de table, vous pouvez aider votre foie à se décongestionner et à stimuler ses nombreuses fonctions en buvant une tisane *Formule nº 7* et en appliquant sur le foie (entre l'intestin et le cœur, du côté droit) une bouillotte d'eau chaude. Cette méthode de grand-mère n'a pas son pareil! Facile à emporter en voyage, cette bouillotte aidera à réduire les maux de ventre.

### Attention à la surcharge!

Autant que possible, mettez de côté les aliments trop raffinés (mauvais gras, sucres, additifs chimiques) car, lors d'une cure, on demande au foie des efforts supplémentaires. Vous vous demandez sans doute quels sont les mauvais gras, ceux qui, avec raison, figurent au banc des accusés car ils sont la source de nombreux problèmes de santé.

Liste sommaire des mauvais gras, selon Jean-Marc Brunet, d'après *Mon guide de santé naturelle* (page 50):

- huiles qui ne sont pas de première pression à froid;
- huiles tropicales comme l'huile de coco;
- huiles chauffées comme les huiles utilisées pour la cuisson;
- fritures comme les frites, les beignets et certaines viandes;
- margarine hydrogénée, beurre d'arachides hydrogéné et «shortening»;
- beurre, crème, fromages et lait riches en gras;
- noix cuites et frites.

On doit donc préférer des aliments entiers, non dénaturés, ce que l'on appelle souvent l'aliment intégral (voir Étape 4 – Alimentation saine et vivante).

Faites aussi attention au surmenage, car il entraîne une augmentation des toxines dangereuses pour votre organisme. Le foie, épuisé, ne peut jouer son rôle pour neutraliser les poisons. Alors, bonjour intoxication!

Il n'y a rien de pire que l'immobilité pour le foie. La peau, lors de la sudation provoquée par l'exercice, élimine certains déchets. Mais si, faute d'exercices, tout incombe au foie, il se fatiguera le pauvre à la suite d'un surplus de travail. Et bonjour constipation!

## IMPORTANT

Le *magnésium* est très important pour le foie. Si l'organisme en manque, la capacité du foie à filtrer est grandement diminuée. Je prends la *Formule 454* (chlorure de magnésium), à raison d'une cuillère à thé chaque matin depuis un quart de siècle! Et je ne m'en porte que mieux!

Pour le nettoyage du foie, outre l'alimentation, vous pouvez prendre de l'artichaut, du boldo et de l'aubier de tilleul sous forme de tisanes ou de suppléments.

## 3  L'INTESTIN

L'intestin joue un rôle capital, on s'en doute. C'est lui qui vidange le corps de ses déchets. Le côlon transverse est souvent la partie de l'intestin qui pose problème. Comme son nom l'indique, c'est le morceau qui ceinture le ventre. Les femmes sont normalement plus sensibles que les hommes à ce chapitre, en raison de leur morphologie.

- Stimuler le bon fonctionnement de l'intestin en massant le côlon transverse chaque soir dans le sens des aiguilles d'une montre; cela se fait en deux minutes!
- Prendre des suppléments de psyllium ou de graines de lin.
- Aller à la selle une fois par jour, au minimum. Vérifiez si votre alimentation est assez riche en fibres (voir Étape 7 – La constipation).

## 4 LA PEAU

La peau joue également un rôle important dans l'élimination des toxines. Transpirer, c'est une façon de se nettoyer le système. La sueur qu'occasionne l'exercice est un bon moyen d'éliminer. La transpiration a en effet un rôle important; la sueur ainsi dégagée élimine les substances qui s'accumulent dans les vaisseaux et les liquides extra-cellulaires en quantité excessive. Par la transpiration, on évacue une quantité incroyable de déchets.

La sueur, un liquide aqueux, en est le produit d'excrétion, d'élimination. Les glandes sudoripares sont situées dans l'épaisseur moyenne de la peau, que l'on appelle le derme. Attention, il peut arriver que la sueur soit presque aussi chargée que l'urine en urée et en acide urique. C'est un signe de bon nettoyage interne.

Pour se désintoxiquer à fond, outre notre cure dépurative, rien ne vaut une bonne séance d'exercice physique. Plus la transpiration est abondante, plus forte est l'élimination des déchets.

Le sauna (chaleur sèche) et le bain chaud sont également deux moyens simples et efficaces de favoriser une bonne désintoxication de l'organisme.

### Le sauna

Les partisans du sauna sont nombreux et j'en suis depuis bientôt plus de trois décennies. Dans les pays nordiques comme le nôtre, le froid sévit presque six mois par an. Alors tout ce qui est chaud est bienvenu! Voilà pourquoi j'ai fait installer un sauna à la maison il y a 25 ans. Au départ, j'en avais un usagé, reçu en cadeau, qui recouvrait le corps et permettait à la tête d'être à l'extérieur. Nous en avons maintenant un dans lequel mon mari et moi pouvons nous asseoir ensemble. Nous sommes ravis. Certains prétendent que le sauna n'est pas bon pour le cœur, les vaisseaux sanguins et même le système nerveux.

Pour ma part et selon plusieurs spécialistes, dont Alain Rousseaux, auteur de l'ouvrage *Retrouver et conserver sa santé par le sauna*, nous estimons que le sauna offre des bénéfices extraordinaires à ceux et celles qui savent en faire bon usage. Par exemple, les personnes victimes de malaises arthritiques seront soulagées de leurs maux.   .

Mode d'emploi:

- Prendre une courte douche avant d'y entrer;
- Rester dans le sauna pour une séance de cinq minutes la première fois, puis augmenter graduellement la durée jusqu'à 20 minutes;
- Retourner sous la douche plutôt fraîche puis faire une séance à nouveau;
- À l'intérieur du sauna, respirer à fond et surélever les jambes si possible;
- Prendre une autre douche; se sécher et se frictionner au gant de crin pour enlever les peaux mortes;

- S'étendre pour relaxer (avec une bonne tisane!);
- Avant de se rhabiller, appliquer sur la peau une crème hydratante (voir Étape 8 – Produits cosmétiques).

À l'occasion, lorsque je suis pressée (moi aussi!), je ne fais qu'une entrée au sauna (15 minutes) et hop, à la douche!

### Bain chaud

Les vertus d'un bain chaud sont nombreuses. Les bains normalisent l'irrigation sanguine et l'élimination; ils redonnent le calme biochimique à l'organisme. Il ne faut pas prendre un bain trop chaud ni y demeurer plus de 20 minutes.

Vous pouvez ajouter à l'eau de votre bain une demi-tasse de sel de mer avec des huiles essentielles tranquillisantes (lavande), stimulantes (pin), antivirales (pamplemousse) ou toniques (cannelle)…

## 5  LES POUMONS

### Bienfaits d'une marche énergique

Il est bon d'accompagner les méthodes de désintoxication et de revitalisation par la chaleur d'une bonne oxygénation quotidienne. Je recommande vivement une marche quotidienne d'une demi-heure, beau temps, mauvais temps. Les anglophones l'appellent *power walk*. Ce type de marche à pas rapides donne beaucoup d'énergie et brûle passablement de calories. Pour aller travailler, par exemple!

On n'est pas fait en sucre: il suffit de se vêtir selon la température et le tour est joué! Vous n'avez décidément aucune excuse. En effet, cet exercice ne vous coûte rien, si ce n'est une bonne paire de chaussures et un petit effort pour vous mettre en train. Durant cette marche, pour que votre corps se renforce au contact des éléments naturels, je vous conseille de respirer à fond.

Méthode de respiration:

- *Inspirer* profondément par le nez en gonflant la poitrine et en rejetant les épaules en arrière;
- *Expirer* par la bouche le plus profondément possible.

### ATTENTION

Au début, quand on commence à faire ces exercices de respiration, on peut être étourdi.

### CONSEIL

Même si vous faites d'autres exercices (yoga, natation, ping-pong), je vous recommande de commencer ou de terminer votre journée par une marche énergique.

## Adieu cigarette!

On le sait et je n'ai pas envie de m'étendre sur le sujet: «Écrasez!» Point à la ligne. Il n'y a pas d'autres façons de faire. On ne peut pas faire les choses à moitié dans ce domaine.

Souvent, on ne vient pas à bout de cette mauvaise habitude du premier coup. J'ai lu récemment, dans le magazine *L'Actualité*, que certains médecins de Milan touchaient une prime si, avec un suivi médical et psychologique, leurs patients en finissaient une fois pour toutes avec la cigarette. Oui, oui, vous avez bien lu: une commission gouvernementale offre une prime de 800 $ à tout médecin qui aide un fumeur à arrêter définitivement de fumer. Le versement final de la prime se fait un an après la dernière cigarette du patient… Doit-on en arriver là pour que certaines personnes arrêtent définitivement cette pratique malsaine?

Rappelons que l'action combinée de la nicotine et du goudron désarme les défenses naturelles des bronches, de telle sorte que les particules de pollution pénètrent plus facilement l'organisme des fumeurs (trois fois plus de bronchites chroniques et d'asthme). De plus, la fumée altère les fonctions cérébrales (migraines, trous de mémoire, manque de concentration) et cause, on le sait, le cancer du poumon. Le tabagisme augmente la nervosité. Chez la femme enceinte, les produits toxiques de la fumée ne sont pas arrêtés par la barrière du placenta. Imaginez les dégâts pour la santé du fœtus!

Chères complices, ai-je besoin d'ajouter que la cigarette est l'ennemie de la beauté: assèchement de la peau, augmentation des rides (ridules autour des lèvres), éraillement de la voie, jaunissement des doigts et des dents, mauvaise haleine. N'oubliez pas, «La femme qui fume fane plus vite!»

Les naturopathes ont quelques solutions à proposer avec des suppléments particuliers. La *gomme de sapin*, entre autres, augmente l'expulsion du mucus hors des voies respiratoires. Demandez des suggestions aux conseillers des boutiques de produits naturels.

## Le pouvoir du sommeil

Le sommeil est une composante fondamentale de notre vie, car on se purifie aussi en dormant. Pendant cette période, des fonctions importantes prennent place; le vrai repos est une véritable nécessité. On doit prendre en compte trois critères:

- la régularité;
- le nombre d'heures;
- la qualité.

---

### ❊ Qu'en est-il de mon sommeil?

- *Ma régularité:* _____
- *Le nombre d'heures:* _____
- *Sa qualité:* _____

---

Pour les anciens Chinois, la nuit était réservée à la nutrition cellulaire et à l'élimination des toxines. Ces fonctions dites végétatives se produisent naturellement pendant la période de repos complet, la déconnexion totale du système nerveux conscient.

Six heures de sommeil peuvent suffire dans bien des cas. Pour ma part, je dors en moyenne de sept à neuf heures par nuit. J'essaie, autant que faire se peut, de suivre la consigne de nos mères: se mettre au lit vers 22 heures en hiver (23 heures en été), car les heures avant minuit sont plus réparatrices. Elles avaient raison. La médecine taoïste (la plus vieille médecine codifiée en Chine) pense la même chose.

Les troubles du sommeil accompagnent bien souvent la dépression et les divers troubles psychologiques. Mais il ne faut pas chercher midi à 14 heures. La plupart du temps, ils sont dus:

1   au stress;
2   au bol alimentaire.

Le premier facteur est évident. Il nous faut donc éviter de ruminer nos problèmes sur l'oreiller. Et il faut s'entourer d'un décor apaisant. Le CALME sonore, visuel et émotionnel est indispensable.

Prendre un repas du soir léger est recommandé. Certains prônent même d'éliminer tout apport calorique après 18 heures pour les personnes de plus de 50 ans. Comme le métabolisme ralentit, il ne faut pas le surcharger avant de se coucher. J'avoue que cela n'est pas facile à suivre; mais il est possible d'alléger notre consommation en soirée en coupant les viandes et surtout les sucres.

- Augmenter l'apport énergétique le matin par un déjeuner copieux (50 à 60 % de l'apport calorique total de la journée, dont 70 à 80 % de glucides à assimilation progressive);
- Réduire ou supprimer le repas du soir.

Vous verrez que cette méthode augmentera considérablement votre qualité de sommeil. Le soir, un repas riche en protéines animales empêche le transport dans le sang du tryptophane, acide aminé essentiel précurseur de la sérotonine, hormone du sommeil.

Certaines carences minérales ou en oligo-éléments peuvent également générer des troubles du sommeil. Il faut consulter un naturopathe ou un conseiller expert afin de cibler les carences et les combler par une approche alimentaire saine et des suppléments adéquats.

Nous voici donc rendues, chères complices, à la quatrième étape, celle de l'alimentation.

*Le plaisir des sens avec les huiles essentielles*

## Étape 4
# Alimentation saine et vivante

*«Le démon de l'artificiel a été élevé par la civilisation au rang d'idole et cela causera sa perte.»*
Robert G. Jackson

*«Probablement rien dans le monde ne suscite plus de faux espoirs que les quatre premières heures d'un régime.»*

Dan Bennett

## L'indispensable discipline

**H**ippocrate avait raison en disant que ce sont les forces naturelles qui apportent la guérison. Rappelons également cette phrase célèbre de ce père de la médecine: «Que votre nourriture soit votre médicament.» Je débute cet important chapitre par ces citations pour vous communiquer l'importance d'une nourriture saine, naturelle et équilibrée.

Au cours des pages suivantes, je ne ferai pas allusion à une diète, à un régime tels qu'on les connaît, car je sais par expérience que ce genre d'approche se solde trop souvent par un échec.

J'estime par ailleurs que pour faire le plein d'énergie, il faut bien choisir ses aliments, assimilables par l'organisme et faciles à éliminer, et pratiquer une «restriction alimentaire», c'est-à-dire un sain contrôle sur ce que l'on mange. Il s'agit donc d'une stratégie alimentaire (qualité – quantité) en fonction du but à atteindre. Cette pratique fait partie de la maîtrise de soi, indispensable à notre évolution vers un mieux-être.

Je crois que le poids idéal est celui avec lequel on se sent bien dans sa peau. Certaines sont élancées, d'autres ont une grosse ossature, d'autres encore une musculature développée. Mais, avant d'élaborer davantage, laissez-moi vous raconter un peu mon histoire.

### Quand j'étais jeune...

Quand j'étais jeune, je n'avais aucune notion de la relation entre ma santé et ce que je mangeais. À la maison, mon père et ma mère cuisinaient; on avait une bonne fourchette et le sens de la fête. Autour de la table, on s'amusait beaucoup! Au jour le jour, on mangeait selon les habitudes de l'époque et les portions étaient généreuses. Les gens bien en chair étaient, dans ces temps-là, jugés bien portants et prospères... À chaque époque ses vérités!

À l'occasion, je me souviens que l'on se faisait livrer — luxe suprême! — des mets chinois. C'était la fête! Ce privilège était relié à une récompense pour de bonnes notes obtenues à l'école ou, encore, à un événement spécial comme un anniversaire. Pendant la nuit, j'avais du mal à digérer et, le lendemain, j'avais souvent les mains et les pieds enflés.

Ce n'est que lorsque j'ai lu sur tous les additifs chimiques ajoutés aux aliments pour leur donner couleur et saveur que j'ai compris pourquoi je m'étais sentie si mal. Je n'étais pas allergique, comme le sont de nombreuses personnes, entre autres, au glutamate monosodique, mais mon système tentait de rejeter ces poisons par les reins, la peau… pour ne pas m'intoxiquer.

À petit feu, de façon certaine et constante, mon système s'intoxiquait. Dès l'âge de neuf ans, on a dû m'opérer à l'hôpital Sainte-Justine pour une crise d'appendicite. Je me suis retrouvée à 13 ans pas mal ronde, même très ronde. La cellulite s'installait sournoisement autour de mes cuisses, pour ne plus vouloir disparaître. Gym, régimes et crèmes spéciales n'y changeaient pas grand-chose. Je suis de taille moyenne, cinq pieds quatre pouces, alors mon côté boulotte ressortait avec plus d'évidence. Je n'avais pas de pèse-personne et ne faisais pas d'exercice. J'adorais lire et les livres m'aimaient aussi… dans tous les sens du terme.

Vers 15 ans, mes motivations ont changé. Je passais des auditions pour participer aux émissions de télé, à titre de figurante ou de comédienne. Je me suis mise à restreindre outrageusement mon alimentation et à boire du thé. C'est drôle, j'ai bu ce nectar d'Orient par instinct. Quelques biscuits *social tea* avec du thé constituaient mon apport de nourriture quelques jours avant une audition.

Heureusement, j'étais jeune, car ce régime était nettement insuffisant: pas de protéines, pas de fibres, pas de glucides, pas de sucre naturel. Je voulais porter des mini-jupes, alors j'en ai porté.

J'ai toujours eu un atout: j'étais naturellement disciplinée. Mon poids d'alors pouvait osciller entre 113 et 120 livres, jamais plus.

*Je jeûnais presque sans le savoir. Je buvais beaucoup d'eau et beaucoup de thé. Mon entourage me trouvait un peu folle; je ne me laissais pas tenter car mes objectifs étaient clairs. J'ai toujours aimé les buts précis. Je n'ai jamais douté qu'il y aurait des lendemains qui chantent et que je pourrais alors me payer une petite gourmandise.*

*Je voulais obtenir des rôles dans des séries françaises et des téléfilms en anglais où j'allais jouer parfois légèrement vêtue... J'avais un objectif clair; l'atteindre était donc plus facile. Et, croyez-moi, je l'ai atteint.*

## Un poids réaliste

Se fixer des *objectifs clairs* et *réalistes* est primordial pour perdre du poids, de même que se visualiser dans une plus petite taille de vêtements.

### *Mes objectifs*

> ❋ **Que veux-je obtenir et dans combien de temps? Mes objectifs sont-ils réalistes compte tenu de mon style de vie?**
>
> | Temps | Poids | Taille de vêtement |
> |---|---|---|
> | *À court terme:* | | |
> | 3 à 7 jours? | _____ kg | _____ |
> | *À moyen terme:* | | |
> | 21 jours? | _____ kg | _____ |

La méthode santé, beauté, vitalité...

> *À long terme:*
> 3 mois? _____ kg _____
> *À très long terme:*
> 1 an? _____ kg _____

Les régimes express ne sont pas vraiment recommandés mais, là comme ailleurs, l'exception confirme la règle. Une athlète, peut, pour une performance, perdre quatre kilos en une semaine. Mais n'oubliez pas que les kilos vite perdus sont vite regagnés!

Heureusement, quand on pratique la restriction alimentaire, la faim diminue et la gourmandise s'estompe.

C'est quand même incroyable que l'industrie des régimes amaigrissants (car il s'agit bel et bien d'une industrie) survive, malgré le taux extraordinaire d'échecs. Les clients sont insatisfaits, mais continuent de se prévaloir du service: c'est à n'y rien comprendre! Ce sont majoritairement des femmes, victimes des belles images de beauté inaccessible véhiculées par la presse féminine, qui fréquentent des cliniques d'amincissement ou qui achètent des produits miracles. Mais, heureusement, ce ne sont pas nous qui remportons la palme de l'embonpoint.

Au Québec, selon des statistiques gouvernementales, 22 % des hommes et 13 % des femmes ont un début d'excès de poids.

## FICHE PERSONNELLE

*Mon poids:* _____

*Mon surplus:* _____

Il faut donc réviser ses habitudes alimentaires. De nos jours, on dispose d'éléments qui assurent efficacement un bon *rôle de soutien:*

- substances «coupe-faim» naturelles;
- plus de fibres;
- eau et tisanes avec des propriétés bien spécifiques;
- vaste choix d'aliments frais de première qualité, question de varier les plaisirs et de donner à notre corps ce dont il a besoin;
- suppléments variés pour combler les carences de notre organisme (à venir plus loin dans ce chapitre).

## Les aliments verts, jaunes, rouges

### FEU VERT

*Fortissimo, avec enthousiasme...*

- Légumes frais
- Fruits frais
- Pains de grains entiers
- Noix crues
- Pâtes entières
- Bonne eau

## FEU JAUNE

*Pianissimo, avec modération...*

- Sucres entiers
- Bons gras
  (voir Étape 3 – Désintoxication, un bien essentiel)
- Sel (sodium)
- Caféine
- Viandes grasses
- Produits de blé: attention à l'allergie ou tout simplement, à une sorte de malaise ou une petite réaction qu'occasionne, souvent à notre insu, une surconsommation de blé.

## FEU ROUGE

**... et le résultat en vaut vraiment la peine**

- Fritures*
- Sucreries
- Boissons alcoolisées
- Aliments transformés (ex.: pain blanc)
- Aliments en conserve en général (présence d'agents chimiques en grand nombre)

* Les fritures ont tendance à faire augmenter le mauvais cholestérol (LDL).

## CONSEIL

Il n'y a rien comme la *variété*. Il est important de varier les sources d'alimentation pour répondre aux divers besoins de l'organisme. Prenons par exemple le riz, le seigle, l'avoine, le millet, le sarrasin, le maïs, l'orge et le kamut, qui sont toutes des céréales d'excellente valeur.

## IMPORTANT

1) APPRENDRE À LIRE LES ÉTIQUETTES
   (voir comment lire les étiquettes plus loin dans ce chapitre)
2) APPRENDRE À MASTIQUER *LENTEMENT*

*C'était hier...*

*J'ai mis au monde trois enfants. Durant ma première grossesse, de ma fille Karina, j'ai pris 40 livres; pour mon fils Alexandre, 32 livres; et pour ma cadette Josée-France, 42 livres. J'étais alors âgée de 35 ans. Durant mes grossesses, je mangeais pour deux et j'étais très bien. Je ne regrette rien, mes enfants sont beaux, intelligents et en parfaite santé.*

Mais je dois quand même admettre que mon poids idéal se situe autour de 125 livres. Je me maintiens maintenant entre 120 et 126 livres tout en augmentant ma masse musculaire. Je me sens au mieux de ma forme comme ça!

La méthode santé, beauté, vitalité...

Avec tout de suite 10 livres en moins, on monte l'escalier plus vite! Un surplus de poids peut être lourd à traîner, non seulement devant le miroir et dans ses vêtements, mais également pour son dos et son système circulatoire (jambes, cœur). Plus mince, on est plus souple, plus séduisante, plus inspirante et inspirée. Pour l'amour et pour le cœur… à l'ouvrage!

À partir de 35 ans, plusieurs femmes prennent une ou deux livres par année. Sur vingt ans, soit à 55 ans, cela fait près de 20 livres. Imaginez une prise de poids constante jusqu'à 75 ans!

J'ai fait deux fausses couches après l'accouchement de Josée-France. Puis après, par chagrin et par dépit, je me suis laissée un peu aller. À plus de 140 livres, je me cachais les bras et les cuisses, surtout l'été. Sur le plan énergétique, je ne me sentais pas mal, puisque je m'entraînais environ deux fois par semaine. Je mangeais bien, mais beaucoup trop!

C'est lors d'un voyage aux États-Unis avec mon mari que j'ai eu le déclic. Nous visitions les librairies et mon regard était attiré par les nombreuses publications sur la santé, la mise en forme et la perte de poids. Je me regardais dans le miroir et je n'étais pas très fière. Pourtant, mon mari ne me faisait aucun reproche. C'est vrai que lui, de son côté, mangeait toujours d'une manière très disciplinée. Il s'entraînait pratiquement tous les jours et prenait quotidiennement des suppléments alimentaires.

De retour au Québec, j'ai vu une photographie de moi au Pavillon des arts de Sainte-Adèle. Je ne me suis pas reconnue. Alors là, je n'ai pas aimé ça du tout. J'avais 47 ans et nous étions au mois de janvier. La période des Fêtes était passée. Voilà donc un excellent moment pour débuter un programme de restriction alimentaire avec suppléments, doublé d'un programme d'exercices. Et vous?

## ✳ Poids sur le pèse-personne et dans le miroir

*Aujourd'hui, le ... du mois de ... 200 ... Poids et commentaires:*

_____

_____

_____

_____

_____

_____

*Dans cinq ans, le ... du mois de ... 200... Poids et commentaires:*

_____

_____

_____

_____

_____

_____

**Un beau 50 ans!**

Je voulais être fière de moi pour mes 50 ans. Je me disais que le changement de chiffre allait être plus dur à accepter si je ne m'aimais pas. Je ne voulais pas rajeunir, revenir à mes 20 ans, mais je voulais être une femme de 50 ans à mon goût. Maigrir, oui, mais aussi sculpter mon corps. Je ne voulais pas qu'on dise que j'avais pris un coup de vieux en passant le cap de la cinquième décennie. Mon but était de porter des vêtements de taille six ou huit ans.

Aujourd'hui, une personne de 50 ans est jeune et souvent belle à regarder. C'est ce qui a motivé ma perte de poids. J'avoue que j'ai eu de la chance, car mon mari Jean-Marc m'a offert son appui tout entier. Et, venant de sa part, avec ses conseils utiles, je me suis sentie privilégiée.

## Manger peu, vivre mieux et plus longtemps!

Frugalité est synonyme de longévité. La suralimentation constitue une perte importante d'énergie nerveuse, puisque le travail de digestion et d'élimination est deux fois plus important. Si on surcharge l'organisme,

- on nuit à l'assimilation;
- on produit une plus grande quantité de déchets toxiques;
- on surcharge les organes qui arrivent mal à éliminer.

## Pur et intégral

Les aliments entiers ne sont pas raffinés (transformés) au point de leur enlever de nombreuses substances nutritionnelles. Les fournisseurs de qualité, conscients des propriétés des aliments, ne retranchent que le minimum afin qu'ils soient propres à la consommation.

Prenons la farine blanche: transformée, elle est nettoyée de toutes ses propriétés, alors que la farine de blé entier comporte des avantages certains:

- plus de protéines;
- plus de fibres;
- plus de phosphore, de calcium et de magnésium;
- plus de fer;
- plus de vitamines (B5, B6);
- plus d'oligo-éléments.

Les farines enrichies (on leur a ajouté les vitamines perdues dans le raffinage) sont en vérité des farines appauvries. Optons plutôt pour l'authenticité, l'intégrité du produit et une saveur non trafiquée.

## LE PROGRAMME

- Manger MOINS.
- Consommer PLUS d'éléments nutritifs (minéraux, vitamines et oligo-éléments).

## BESOINS DIFFÉRENTS SELON LES SAISONS

*ÉTÉ:* 70 % de l'alimentation doit être composée de fruits et de légumes frais (de saison).

*HIVER:* 30 % d'aliments riches en protéines, 30 % d'aliments riches en bon gras et 40 % de fruits et légumes frais.

**Mieux et plus jeune!**

Maintenant, je suis heureuse de me voir et de me sentir plus jeune. J'ai retrouvé ma gaieté, ma joie de vivre et mon goût d'entreprendre qui est, avec raison, associé à la jeunesse.

## Dans la vie, il faut s'aider

Les suppléments que j'ai pris m'ont été d'une aide précieuse; d'origine naturelle, ils se sont révélés très efficaces. Sur chaque contenant, il faut bien lire la posologie et la suivre à la lettre.

- *Garcina Cambodgia*:
  petit fruit originaire d'Asie du Sud-Est qui ressemble à la citrouille; il contient un acide (AHC) proche de l'acide citrique qui aide à réduire la conversion des hydrates de carbone en gras par l'inhibition de certains procédés enzymatiques. De récentes recherches estiment qu'il peut même diminuer l'appétit.

- *Chrome:*
  extrait de la levure et bénéfique à l'équilibre du taux de sucre sanguin.

- *Extraits de pamplemousse et d'ananas:*
  ces deux extraits sont riches en enzymes qui favorisent la perte de poids; ils sont tolérés par tous.

- *Glucomannan:*
  il est bénéfique d'en consommer une bonne quantité, 30 minutes avant les repas, avec un grand verre d'eau. À la suite de sa consommation, le glucomannan se gonfle et l'appétit diminue; ce coupe-faim naturel permet d'éviter la sensation de privation et d'irritabilité que causent trop souvent les restrictions alimentaires.

- *Aliments à forte teneur en protéines*:
  tofu, soja et fromages maigres.

- *Alimentation riche en fibres:*
  fruits (pruneau), légumes (poireau), céréales et pains de grains entiers.

- *Liquide:*
  pour une bonne élimination, boire plusieurs verres d'eau par jour (additionnée de chlorophylle liquide) ou des tisanes (la formule *n° 9 Silhouette* de JMB Le Naturiste est à prendre après les

repas et contient: varech vésiculeux, feuilles de frêne, lierre terrestre, pensée sauvage, feuilles de sauge et thym).

## Simplicité

J'ai compris depuis lors que le mot clé en alimentation, comme dans plusieurs autres chapitres de l'existence, est simplicité. On doit en effet transformer les aliments le moins possible. L'industrie alimentaire, trop souvent, s'empare du produit original et le transforme. Ces mutations affectent à la baisse la valeur de certains aliments. Il est préférable de manger les légumes crus, cuits à la vapeur ou sautés dans un peu d'huile d'olive.

*Il faut également éviter de manger trop d'hydrates de carbone (ex.: pain, muffin, pâtes, desserts). Beaucoup de gens, je l'ai constaté, mangent de plus en plus de pâtes. Celles-ci ne sont pas nécessairement complètes: elles sont faites à partir de farine blanche. Il est vrai qu'elles apportent de l'énergie, mais à court terme seulement.*

J'ai constaté qu'on offrait de plus en plus de pâtes dans les restaurants; elles sont abordables mais peu nutritives, surtout sur une base régulière. Vous pouvez en manger à l'occasion… question de vous réconforter le moral! Mais, quand vous faites l'épicerie, soyez vigilante en lisant les étiquettes et achetez des pâtes faites à partir de farine complète.

*Revenons à mon expérience…*

En ce qui me concerne, j'ai tenu bon ma pratique de restriction alimentaire et j'ai obtenu d'excellents résultats, à moyen et à long terme. L'atteinte de mon but m'a apporté beaucoup de joie et de fierté.

Durant ma période d'amaigrissement, je m'entraînais cinq à six fois par semaine (voir Étape 6 – Gym corporelle), bien sûr pas toujours avec la même intensité. C'était ma façon à moi de garder et même de développer ma masse musculaire, tout en sculptant mon corps.

## Preuve de sagesse

*L'obésité, selon Jean-Paul du Ruisseau, auteur de l'ouvrage* La morte lente par le sucre, *n'est autre que la surconsommation de sucre et de gras combinée à l'immobilité, d'où une mauvaise transformation de ces éléments par le métabolisme. Si l'obésité était d'origine héréditaire, elle se révélerait toujours très jeune. Mais ce n'est pas le cas. Beaucoup d'obèses ont conservé des poids normaux jusqu'à 20 ans ou même 40 ans.*

*Cela donne à réfléchir…*

*Expérience très positive aux retombées inattendues*

*Voilà comment je me suis débarrassée à jamais de ce surplus malsain et comment j'ai réussi à maigrir de façon saine, énergétique et joyeuse. Ma devise est, et je vous la conseille vivement: diminuer toujours, supprimer quand c'est nécessaire, tricher à l'occasion! Car manger est un grand plaisir; toute vie la moindrement sociale comporte des écarts… que l'on se doit de rattraper le plus rapidement possible.*

*Prendre un bon repas en famille, autour d'une table, échanger des idées, pour moi, c'est le plaisir ultime. Il n'y a rien que j'aime plus sur terre, ou presque…*

Avoir maigri m'a permis de me rapprocher de moi-même et, parallèlement, m'a redonné confiance en moi. À 48 ans, je me suis mise à écrire avec la comédienne Patricia Tulasne. Notre livre intitulé *Elles auraient pu grandir ensemble…*, a été publié aux Éditions Libre Expression et a connu un bon succès. Cet ouvrage est inspiré de la vie de Francine, ma sœur retrouvée.

Il faut dire que, quand on se sent bien, on émet des ondes positives qui attirent les projets intéressants. C'est bien connu: le bonheur et le bien-être sont magnétiques.

*Maigrir est une aventure intérieure sans pareille.* À travers ce processus, on apprend à connaître en profondeur ses forces et ses faiblesses (qui n'en a pas?) et on repousse ses limites. Toutefois, les régimes trop compliqués avec des combinaisons alimentaires dont il ne faut pas déroger ou avec trop de calculs de calories… ce n'est pas pour moi!

Ma méthode est simple et efficace:

- moins de gras;
- moins de sucre;
- plus d'exercice;
- plus de suppléments alimentaires brûleurs de gras.

Manger est une source indispensable d'énergie, un peu à la manière du carburant dans la voiture. Mon poids est stable depuis cinq ans. Il m'arrive de faire des écarts, une petite tricherie (un gâteau au fromage!), mais je retombe vite sur mes pattes.

## IMPORTANT DE CONNAÎTRE

Il importe de bien s'informer sur ce que l'on mange. Au début, cela peut sembler compliqué mais, en peu de temps, on le fait d'une manière automatique… et pour toujours. Il faut absolument lire les étiquettes pour connaître:

- La teneur en sel
- La teneur en gras
- La teneur en sucre
- La présence d'agents de conservation
- La présence d'additifs chimiques
- La teneur en calories
- La teneur en cholestérol

On doit développer sa conscience et connaître également:

- La valeur de l'aliment en termes de vitamines et de sels minéraux
- La valeur totale (valeur nutritive) de l'aliment
- La possibilité pour cet aliment de faire partie d'une diète équilibrée

# À bas le sucre!

En tant que Nord-Américains, on consomme du sucre en grande quantité, souvent sans même s'en apercevoir. Pas étonnant que l'Amérique détienne le record mondial du diabète. Certains disent que nous consommons jusqu'à deux livres de sucre par semaine! Imaginez les méfaits de cette surconsommation: diabète, obésité, troubles cardio-vasculaires, troubles digestifs, hyperactivité et caries dentaires chez les enfants.

Le sucre blanc est nocif: il ne contient ni vitamines, ni minéraux, ni protéines, ni fibres. Composé de calories vides, il puise à même les réserves de l'organisme pour y trouver ses nutriments. Je vous en prie, commencez dès aujourd'hui à être vigilante. Remplacez le sucre blanc par:

- *Sucre brut non raffiné*:
  il origine de la betterave ou de la canne à sucre.

- *Sirop d'érable*:
  du glucose accompagné de bons minéraux.

- *Miel:*
  de tous les temps, le miel est le nectar des sucres. Riche en sels minéraux (25 %), en gommes et en résines, il n'irrite pas la muqueuse d'un estomac normal et est légèrement laxatif.

- *Mélasse non sulfurée*:
  grande quantité de fer.

- *Concentré de jus de fruits frais:*
  riche en vitamines, ce sont les meilleurs producteurs de base pour le sang et les tissus. Les fruits ont le pouvoir de tuer les bactéries de putréfaction; les consommateurs de viande devraient faire une mono-diète de fruits une fois par semaine.

- *Fruits séchés:*
  forte teneur en sels minéraux et grande teneur énergétique grâce au sucre naturel des fruits.

### Bannie sans raison valable

Un mot sur la pomme de terre, légume tant décrié aujourd'hui: remplie de minéraux (sodium, potassium, fer, calcium) et riche en amidon, elle constitue une excellente source d'énergie. On peut la servir bouillie ou au four, mais ne jamais la réchauffer. Elle coûte trois fois rien et est délicieuse avec une belle salade verte arrosée d'une vinaigrette à l'ail!

Pour concocter de petits repas savoureux, je consulte fréquemment l'ouvrage de ma grande complice et amie Lise Dauphin. Cette femme fut parmi les pionnières au Québec d'une nourriture simple et saine. Elle publia le premier livre de recettes naturistes: *Recettes naturistes pour tous* (voir Bibliographie).

À vos convives, pourquoi ne pas offrir:

- une tisane aromatisée aux fruits;
- du thé vert;
- une eau minérale parfumée au jus d'orange ou de pêche.

### Énergie Plus

Le matin, c'est là que je me sens le plus en forme. Mais c'est dans le feu de l'action que je récolte le plus.

J'ai souvent (que dis-je, toujours!) un horaire chargé; je ne veux rien manquer.

Entre la joie intense de l'accouchement de mon aînée auquel j'ai assisté, entre les réunions de travail, les rapports, les soirées où je joue au théâtre, les conférences de presse, l'entraînement, les courses et la plus jeune qui recommence l'école, j'ai besoin d'une énergie de longue durée. *Bien manger, c'est la base.* Mais, par expérience, je sais que ce n'est pas suffisant pour maintenir ce rythme pendant des semaines et des mois.

Ma tête et mon corps, ma mémoire, ma capacité d'analyse, ma vitalité et mon bien-être ont absolument besoin d'être «super nourris» pour que je me sente «super bien». J'essaie de voir venir les pannes d'énergie et de concentration.

J'ajuste mes suppléments (type et dosage) en fonction de la demande en énergie; je ne veux pas me retrouver à tirer de la patte.

J'adore la vie, qui est pleine de défis et de surprises. Regardez-moi bien aller: grand-mère peut-être… mais pas mémère du tout!

## Pourquoi des suppléments?

«Je ne vois pas pourquoi je prendrais des suppléments; ma nutrition est de première qualité », me rétorquent parfois des femmes lors de mes conférences. Bien se nourrir assure à l'organisme le bon carburant pour fonctionner. Mais certains éléments manquent; on ne mange pas tous les jours l'arsenal de fruits et de légumes que l'on devrait, soit parce qu'ils ne sont pas disponibles (hors saison) ou qu'on n'a pas vraiment le temps de s'en procurer. Autre considération non négligeable: nos fruits et légumes ne poussent pas «sous un ciel bio». Dans son guide, Jean-Marc Brunet élabore quelques raisons de prendre des suppléments sur une base régulière:

- Les aliments sont souvent déficients; on ajoute des engrais chimiques, des herbicides et des insecticides aux fruits et aux légumes.
- On injecte des hormones aux bœufs et aux porcs.
- Les poulets sont nourris avec de la moulée bourrée d'antibiotiques.
- Les fruits sont mûris dans des chambres à gaz.

Alors, pour une santé supérieure, mieux vaut pallier les manques et se donner les moyens d'être réellement en forme!

Pour moi, c'est un peu comme prendre une police d'assurances ou un REÉR. Dans la vie, il faut mettre toutes les chances de son côté.

## Suppléments... même l'été!

On me demande souvent si on doit continuer de prendre des suppléments pendant la belle saison. En général, on se sent en meilleure forme l'été, surtout quand il fait beau! La majorité d'entre nous, adeptes des suppléments et des vitamines, nous sommes tous interrogés à ce sujet. Dans les pays chauds, y a-t-il moins de problèmes de santé? Comme nous savons que les suppléments alimentaires sont des aliments, pourquoi arrêter de se nourrir l'été? La réponse est donc «oui», on continue de prendre des suppléments durant l'été.

L'été...

- Nos aliments sont tout de même carencés, truffés d'engrais chimiques, d'insecticides, d'agents de conservation et de colorants.
- Les occasions sont nombreuses de faire la fête et de moins surveiller notre alimentation.
- Ce sont les mois où le soleil nous permet de mieux assimiler les substances nutritives des suppléments alimentaires.
- C'est le moment parfait de préparer et de renforcer notre corps pour l'automne et l'hiver à venir.

## Femme active en super forme!

Femmes dans la fleur... de l'action, occupées par de multiples activités professionnelles, sociales, familiales et sportives, il n'est pas question pour nous d'être en panne d'énergie, surtout au mauvais moment.

Nous sommes, il faut bien l'avouer, quelquefois fatiguées, voire carrément «vidées» après notre journée de travail. Je vous conseille vivement de prendre une multivitamine «haute performance», spécialement conçue pour la femme active que vous êtes.

*Voici une combinaison unique de vitamines et de minéraux pour augmenter notre vitalité physique et mentale, et pour garder nos os, notre peau, notre système immunitaire et notre énergie au mieux de leur forme: les vitamines A, $B_1$,$B_2$, $B_6$, $B_{12}$, $D_3$ et C, du calcium (écaille d'huître), de la niacinamide, du magnésium, du fer et de l'acide D-pantothénique. Cette formule entièrement naturelle, nommée à juste titre FemmActive, se prend au moment du repas; elle contribue à maintenir santé et vitalité à leur plus haut niveau.*

*Pour une santé et une forme optimales, il ne faut donc pas oublier de prendre des antioxydants, du magnésium, du calcium et tous les autres formidables suppléments.*

## Aliments acidifiants

Certaines femmes, en vieillissant, connaissent des raideurs et des douleurs aux articulations. Attention à l'arthrite et son cortège de maux! Il est important de savoir que c'est une maladie d'encrassement tissulaire et d'intoxication.

Il faut donc débarrasser l'organisme de ces déchets acidifiants. On y parvient en limitant la consommation des aliments suivants:

- aliments riches en protéines et en purines
  (comme les viandes et les fromages);
- sucreries de toutes sortes;
- toutes formes de fritures;
- farines blanches de toutes sortes;
- boissons gazeuses, alcoolisées, café et thé.

## Manger au resto et collations santé

Voici quelques conseils pour celles qui mangent fréquemment
au restaurant. Je suis sur la route très souvent au cours de
l'année. Il m'arrive de me préparer une collation composée
de noix, de fruits séchés et d'une boisson de soya nature, au
chocolat, à la fraise ou à la vanille. Mais, certains jours maus-
sades d'hiver ou d'automne, je préfère m'arrêter et prendre un
repas chaud au resto.

- Si j'opte pour un menu du jour qui me semble
  sain, je demande tout de suite de remplacer le des-
  sert par un fruit et je remplace, surtout le soir, le
  café par une infusion.
- Si je prends un plat à la carte, je précise que je ne
  veux pas de sauce ou qu'on diminue la quantité
  de beurre.
- Je demande qu'on retire le pain et qu'on me donne
  un verre d'eau plate ou minérale.

- S'il y a du poulet au menu, je retire toujours la peau et tout le gras visible. Au lieu d'accompagner mon plat de frites, je commande une salade (vidange l'estomac et aide à la digestion des protéines) ou une pomme de terre au four.
- Lorsque je désire manger des viandes, des volailles, des poissons, je commande des portions cuites au four ou à la vapeur, grillées ou pochées.
- Si les portions sont trop généreuses, je mets dans ma petite assiette à pain ce que j'ai en trop (sans me sentir coupable; j'ai tellement été habituée à ne pas gaspiller).
- Quand parfois j'ai envie d'une pizza, elle est végétarienne et de blé entier; heureusement, elles sont de plus en plus souvent offertes. Depuis longtemps, j'évite les saucissons, le pepperoni, les anchois et les olives noires très salées. Cela me donne faim. Alors je cours me chercher une collation. Tiens, à ce propos, permettez-moi de vous faire des suggestions.

Suggestions de collation santé:
- fruit frais avec fromage faible en gras;
- pain pita entier avec du végé-pâté;
- lait de soya avec un biscuit sans sucre ajouté;
- poignée d'amandes crues (non cuites dans l'huile);
- petite barre énergétique (noix, raisins secs, sans sucre ajouté).

Moi, j'ai toujours une petite faim vers 10 h 30 le matin et l'après-midi vers 15 h 30. Je m'arrange toujours, même en tournée, pour avoir quelque chose de bon et de sain sous la main. Je tiens toutes sortes de bons goûters en réserve. Je ne suis jamais mal prise si je n'ai pas le temps — ou l'envie — d'aller manger un vrai repas.

Maintenant que nous connaissons notre «nourriture santé», passons à l'étape des exercices… de gym mentale! Cette étape est cruciale car, on le sait, tout part de la tête. Il faut bien faire son conditionnement… positif et volontaire!

# Étape 5
# Gym mentale

*«Il existe dans l'univers*
*des choses invisibles,*
*des choses apparentes et des choses cachées*
*et il est important de se rappeler*
*qu'elles ne doivent être séparées,*
*ne fut-ce qu'en pensée.»*

Confucius

## On récolte ce que l'on sème

Quotidiennement, je fais de la gym mentale pour conserver le tonus de mon moral. «Qu'est-ce qu'elle veut dire par là?», se demandent peut-être certaines d'entre vous? La gym mentale consiste à cultiver une pensée positive et constructive, grâce à une série d'exercices (technique Stop, formules et visualisation créatrice).

Je crois beaucoup au principe de l'attrait. Je m'explique. Il s'agit d'un principe fort simple: toutes nos pensées, nos paroles et nos actions nous reviennent. Nous attirons à nous ce à quoi nous CROYONS VRAIMENT en profondeur et avec le plus de conviction, ce que nous souhaitons et ce que nous imaginons avec force et enthousiasme. Par conséquent, lorsque nous sommes négatifs, que nous laissons la peur dominer nos vies ou que nous nous sentons en proie à l'anxiété et à l'angoisse, nous avons tendance à attirer ce genre d'expériences.

## La force miraculeuse de la pensée positive

Au contraire, si nous SOMMES PROFONDÉMENT POSITIFS, disposés pour le bonheur, portés à nous faire plaisir et à rendre les autres heureux, si nous recherchons la satisfaction et cultivons un sentiment de fierté, je crois de tout mon cœur que nous attirons des personnes, des situations et des événements positifs. Plus nous mettons d'énergie positive dans nos vies, plus nous récoltons cette énergie positive. Toute cette dynamique apporte de belles réalisations dans notre existence; la confiance, en soi et en la vie, s'installe doucement. C'est dans le terreau des pensées positives que poussent et s'épanouissent les fleurs de la santé.

Je ne fais pas référence à une pensée magique du type «sourire Colgate», mais à une attitude fondamentalement positive, un accueil simple et ouvert de la réalité, en se disant que tout est et sera pour le mieux. Même lorsque tout porte à croire que c'est difficile, que le mauvais sort s'acharne sur nous, que les épreuves nous assaillent, il est important de cultiver une attitude positive. Comme dirait une de mes vieilles amies: «Ça pourrait être mieux, mais ça pourrait être pire!»

Un jour que j'étais à Toronto en voyage d'affaires, j'ai vu une affiche extraordinaire sur laquelle était écrit: *Attitude is your altitude*. C'est tout à fait vrai. Avoir et cultiver une pensée, une attitude fondamentalement positive nous donne en effet des ailes. Il faut donc apprendre à vivre avec plénitude dans l'abondance et l'amour.

Avant de vous livrer mes trois techniques, je vous propose deux phrases à méditer. C'est une amie qui, un jour, me les a données; je les ai toujours gardées et je les répète souvent au cours de mes conférences, car elles sont tellement justes:

*Nos seules limites à nos réalisations de demain sont nos doutes d'aujourd'hui.*

---

### ✳ Reprenez cette phrase à votre actif et commentez-la:

*Mes seules limites à mes réalisations de demain sont mes doutes d'aujourd'hui.*

_____

_____

_____

_____

_____

_____

_____

_____

_____

---

*Souvenez-vous que ce n'est pas parce que les choses sont difficiles que nous n'osons pas, mais plutôt parce que nous n'osons pas qu'elles le deviennent.*

## Mes trois techniques

Voici maintenant les trois techniques principales de ma gym mentale:

### 1 Technique du Stop!

J'ai dû, comme n'importe qui, apprendre à chasser les idées négatives, les notions de carences, les limitations de tous genres, les difficultés et les problèmes amplifiés ou imaginés. J'ai dû apprendre à dire «Stop!» aux complaintes et à mettre un holà aux lamentations de l'éternelle victime! Car blâmer notre entourage ou le destin pour ce qui nous arrive n'a jamais donné grand-chose. Se complaire dans le malheur non plus.

J'exerce ainsi ma discipline, ma volonté (encore elle!). S'il me vient des idées noires (certains jours où je me sens plus vulnérable) ou des scénarios de catastrophe ou de panique, j'utilise mes réflexes et je mets aussitôt un terme à ce genre d'exercices cafardeux. Il faut être vigilante et apprendre à dire «Stop!» Au début, vous verrez, les pensées négatives voudront reprendre le contrôle de votre esprit; elles s'acharneront de toutes leurs forces à vouloir avoir le dessus. Mais, désormais, c'est VOUS qui reprendrez le contrôle, c'est VOUS qui serez le créateur de votre vie. Ne laissez pas entrer qui veut!

### 2 Les formules

J'ai une série de formules que j'aimerais partager avec vous. Dans ma vie, elles sont sources de changement et d'inspiration. On dit que la parole est thérapeutique, qu'elle peut guérir. J'estime en effet que les mots ont un pouvoir puissant dont il faut se servir.

Certaines conditions s'appliquent:

- AFFIRMATION: les formules (phrases) doivent être affirmatives.
- CONFIANCE: elles doivent être prononcées avec énergie, inspiration, confiance et enthousiasme.
- BRIÈVETÉ: elles doivent être courtes pour être vraiment efficaces; précises, elles seront mieux absorbées par votre esprit.
- CLARTÉ ET PROFONDEUR: elles doivent être très claires, assorties d'un sentiment très fort; plus le sentiment est profond, meilleure sera l'impression dans l'esprit.
- COMPRÉHENSION ET ACCEPTATION: elles doivent être totalement assumées par vous, sans réserve aucune; elles doivent être libératrices ou apporter un soutien.
- NOUVEAUTÉ: elles doivent offrir un aspect neuf et frais pour susciter une énergie et un enthousiasme mental et émotionnel.
- FOI: elles doivent inspirer une grande foi; vous devez croire en ce que vous formulez, vraiment, et mettre de côté vos doutes et vos hésitations; vous devez habiter les mots complètement.

Mes 7 suggestions:

1 Chaque jour je m'améliore; je m'améliore de plus en plus dans tous les domaines.
2 J'ai déjà en moi tout ce dont j'ai besoin.

3   Aujourd'hui m'appartient. C'est le premier jour du reste de ma vie, j'en fais ce que je veux.

4   Ma vie est comme un miroir. Aujourd'hui, il me renvoie une image de gagnante, belle et en santé, au mieux de sa forme.

5   Je suis en forme, rien ne m'est impossible.

6   Je réussis parce que je crois en moi.

7   Merci pour les difficultés, elles me stimulent à être meilleure.

---

✳ **Mes 3 suggestions sont:**

_____

_____

_____

---

## IMPORTANT À NOTER

- Le meilleur moment pour répéter ces formules est sans aucun doute le *soir avant de dormir*, afin qu'elles s'imprègnent dans le subconscient et qu'elles se traduisent dans la vie de tous les jours. En général, ces formules s'ancrent dans la réalité au bout de *21 jours*; pour cela, elles doivent être récitées plusieurs fois de suite (*10 fois au minimum*), pas machinalement, mais avec cœur.

- Vous pouvez également les prononcer le *matin* afin qu'elles indiquent une direction à votre journée; elles sont source d'inspiration et constituent d'excellents rappels de vos objectifs, en les actualisant dans la joie et la foi.
- Vous pouvez aussi prendre une *pause au cours de la journée* pour les répéter, afin de trouver un peu de quiétude et ne pas perdre de vue vos visées personnelles.

## 3 La visualisation créatrice

Le troisième exercice est la visualisation créatrice. On associe l'image à la parole. Il faut appeler la lumière et l'énergie; créer un lieu imaginaire où on se retire mentalement. Laissez travailler votre imagination au service de votre santé-beauté. Transportez-vous dans un lieu que vous aimez, telle que vous souhaiteriez être. Pas une autre personne, mais une version améliorée de vous-même, au mieux de votre forme. Cet exercice doit être fait dans un contexte de relaxation totale. Il est important de vous réserver des plages de temps juste pour vous et de vous détendre pour sentir l'énergie.

Ma visualisation créatrice préférée:
*Femme, mère et grand-mère comblée, je me retrouve autour de la table, en famille, après une course de 10 kilomètres avec mes petits-enfants. J'ai 70 ans, je suis heureuse et épanouie. Tout le monde est joyeux!*

> ※ **Cette image est pour moi stimulante; je travaille aujourd'hui à être ce que je serai demain: une femme en santé, en bonne forme physique et morale; je serai un atout pour le mieux-être des autres.**
> *La mienne:*
>
> _____
> _____
> _____

La vie, par nature, est un flux de changements; alors, forcément, votre visualisation changera au fil des mois. Vous pouvez alterner les visualisations, mais il vaut mieux mettre l'accent sur un aspect de votre vie afin d'obtenir des résultats réels dans le mois qui vient.

Avec ces trois techniques, vous pourrez, même si vous prenez de l'âge, être plus jolie et plus épanouie, sans oublier le principal: être en meilleure santé.

## Bonne gestion du stress

Sous l'effet du stress, le cœur se contracte, la pression artérielle augmente, la circulation du sang se fait moins bien, le rythme respiratoire est accentué, la digestion ralentit et, pour certains, s'arrête presque. Les reins éliminent moins bien et le système immunitaire s'affaiblit. *Bien gérer son stress s'impose*, cela va de soi.

Il faut apprendre à répondre adéquatement au stress, et ce, pour prévenir au lieu d'avoir à corriger une situation (accident cardiovasculaire, par exemple).

Je lisais récemment dans le journal *Les Affaires* les propos de Serge Marquis, expert en médecine du travail, surnommé «le médecin de famille des organisations». Il affirmait qu'à l'avenir, le stress fera de plus en plus partie du paysage professionnel.

Monsieur Marquis soulignait qu'au début du xx$^e$ siècle, moins de 7 % des travailleurs gagnaient leur vie avec leur cerveau; aujourd'hui, c'est 75 %. Dans la nouvelle économie, les capacités intellectuelles des gens sont de plus en plus sollicitées. Vous comme moi sommes soumis à des horaires de fous et des responsabilités accrues! Depuis quelques années, on s'en rend compte par le nombre de dépressions et de *burn-out* que cause tout ce stress. Il faut réagir et mettre un frein de temps en temps à ce rythme effréné. Comment? Outre l'exercice et la bonne bouffe, la relaxation fait partie des outils de la gym mentale.

La femme doit particulièrement, tout au long de sa vie, apprendre à bien gérer son stress car il lui arrive, plus souvent qu'à son tour, d'en faire beaucoup et parfois trop. Elle doit s'accorder du temps pour elle, exclusivement.

*Identifiez du temps pour vous*

_____

_____

_____

_____

De récentes études démontrent que les femmes seraient plus vulnérables au stress que les hommes, selon un article de *La Presse* signé Alexandre Sirois. Cet article s'intitule «Le stress met en péril la santé des femmes», avec comme sous-titre «Les facteurs de risque liés à la maladie sont différents chez les hommes». «Les hommes, pouvait-on lire dans le rapport annuel sur la santé publié par Statistique Canada, sont davantage portés à boire, à fumer et à faire de l'embonpoint. Les femmes ressentent un stress plus intense au foyer et au travail, situation qui est associée à l'apparition des maladies chroniques». Une proportion de 45 % de femmes, contre 38 % d'hommes, estiment qu'elles entreprennent trop de choses en même temps. On fait ici état de nos multi-vies...

Les femmes ont souvent le sentiment que le travail à la maison n'est pas apprécié (16 % contre 8 % des hommes) et 12 % des femmes s'estiment trop critiquées par les autres contre 11 % des hommes. Ces données datent de 1994-1995, même si elles ont été publiées cette année. Karen Messing, professeure au Département des sciences biologiques de l'Université du Québec à Montréal, a fait des recherches sur la santé des travailleuses. Elle pointe du doigt le fait que les femmes ont de lourdes responsabilités familiales et des horaires de travail souvent irréguliers. De plus, les femmes ont souvent des emplois précaires. Danielle Julien, professeure de psychologie dans la même université, souligne également que les femmes portent plus attention aux autres très tôt dans leur éducation. Voilà pourquoi il nous faut apprendre jeune à composer avec le stress et à faire participer les hommes au travail de la maison.

Comme comédienne, mère de famille, conférencière et femme d'affaires, j'ai dû apprendre à bien gérer mon stress. Une bonne planification, un peu d'ordre et dire «non» très souvent, voilà déjà tout un programme. Être libre, ne l'oublions pas, c'est faire des choix et les assumer.

## Double tâche

Vous n'êtes pas sans ignorer que plusieurs d'entre nous ont une double tâche, une au travail et une autre à la maison. Imaginez l'organisation que cela suppose; les femmes font plus souvent qu'autrement preuve de génie dans ce domaine. Une femme en général est capable de faire plusieurs choses à la fois, alors qu'un homme aime se concentrer sur une seule chose. Voilà donc un atout pour nous. Ce n'est toutefois pas une raison pour agir comme une *superwoman* qui, au fond d'elle-même, est frustrée et déçue parce qu'elle a réussi dans la vie mais n'a pas réussi sa vie.

## Mes trucs anti-stress

### 1   Un juste partage

J'essaie donc, au jour le jour, de ne pas me rendre à bout. Et je dois dire que, malgré les horaires chargés qui m'incombent, je garde toujours le cap, ou presque… Je travaille, je suis épouse, mère et grand-mère, j'ai un cercle d'amies et de complices, j'aime me tenir au courant des questions sociétales et politiques, j'aime apprendre et me rendre utile. Bref, j'ai beaucoup d'occupations mais qui, somme toute, ne m'occasionnent pas trop de préoccupations! Mieux vaut toutefois être en forme!

Certaines personnes sont toujours débordées, quoiqu'elles aient au programme! Je tente de bien gérer mon temps et mon énergie pour être mieux dans ma peau et plus performante, pour pouvoir réussir ma vie personnelle, ma vie amoureuse, ma vie sociale, ma vie familiale, ma vie culturelle et ma vie professionnelle.

Que faites-vous pour garder en équilibre toutes les facettes de votre vie? Accordez-vous trop d'importance à un aspect au détriment d'un autre que vous souhaiteriez cultiver?

---

### ✳ Combien d'heures par jour en moyenne accordez-vous à :

* *Votre vie personnelle:* _____
* *Votre vie amoureuse:* _____
* *Votre vie sociale :* _____
* *Votre vie familiale:* _____
* *Votre vie culturelle:* _____
* *Votre vie professionnelle:* _____

---

J'aime la vie et je m'y donne à fond. Mais je sais aussi reconnaître mes limites.

L'indifférence et une attitude superficielle nous plongent presque systématiquement dans la médiocrité. Certaines se disent qu'elles ne sont et ne seront pas capables d'atteindre tel ou tel but dans la vie. Celles qui ne croient pas qu'elles peuvent réussir, je leur dis carrément: mais oui, vous pourrez réussir SI VOUS CROYEZ EN VOUS.

Vous avez déjà entendu: «Tu ne perds rien à essayer!» Pour que l'essai se conclue par le succès, il faut y mettre l'effort et la volonté (voir le chapitre Je ne suis pas née avec une cuillère en argent dans la bouche).

## 2 Établir des priorités

Je me fixe des buts *grosso modo*, puis je me donne des priorités. Il faut prioriser, car on ne peut pas tout faire; cela vaut la peine de réfléchir et d'accorder du temps à la planification de son horaire. Il est bon d'arrêter la montre, de prendre le temps de réfléchir à un problème et d'y trouver la solution; l'analyse est très souvent salutaire.

## 3 Comprendre que je ne suis pas parfaite

C'est dommage, mais je ne le suis pas! Une consolation: vous ne l'êtes pas non plus! En fait, personne ne l'est. J'ai mes limites et je dois apprendre à composer avec elles. Je commets des erreurs mais, pour faire une omelette, on doit casser des œufs. Alors quelquefois je gaffe, mais sans crouler sous la culpabilité.

## 4 Comprendre qu'une journée n'a que 24 heures

Plus on vieillit, plus il est difficile d'admettre qu'une journée n'a que 24 heures. Et ces heures ne peuvent pas toutes être consacrées à un unique programme d'activités. Il faut donc respecter les limites du temps et savoir organiser les choses en conséquence.

## 5  Simplement pour le plaisir

Il faut aussi prendre du temps pour soi, juste pour le plaisir: la flânerie, la marche, regarder les fleurs pousser (manière de parler!), se dorloter et dorloter les siens.

## Le rire

Parlons-en! «Vaut mieux en rire qu'en pleurer», dit-on souvent. Je suis parfaitement d'accord avec cet adage, car rire fait partie de mon hygiène de vie. Le rire, le fou rire sont des moyens simples de contrer le stress et de se sentir bien. Tout comme le sourire, le rire ne coûte rien et est bon pour la santé.

Vous vous souvenez peut-être du journaliste américain Norman Cousins, qui s'est fait connaître dans les années 70 pour avoir émis l'hypothèse que le rire est un fabuleux thérapeute pour les malades. J'adhère à cette thèse: je crois que le rire augmente en effet les chances de guérison. Le rire, comme l'exercice, incite le corps à sécréter des endorphines, une sorte de morphine naturelle; on se sent flotter, on se sent bien. Après un bon rire, on relâche tout et on entre dans un état de relaxation. Le rire chasse les tensions; au travail, avec les amis, en famille, le rire dédramatise et crée des liens formidables.

Avec mes sœurs, parfois, nous nous éclatons comme des enfants. Je me tords de rire; je me roule presque par terre. On rit tellement… qu'on finit par avoir mal aux mâchoires. Dieu que c'est libérateur! Cela dilate la rate, déride le cœur, élargit les horizons et nous réconcilie avec la vie.

J'aime rire et j'en ai besoin comme l'air que je respire. C'est une merveilleuse détente qui nous permet de voir les problèmes autrement. Sans drame, avec des solutions en perspective. Le rire relativise la vie: rire de soi nous sort des pièges de l'ego. Rire des autres, sans méchanceté, mais rire surtout des situations nous donne à réfléchir.

## Être positif

Le bonheur est certes un gage de santé et de longévité. Un état émotionnel positif dès le plus jeune âge peut aider à éviter des maladies et à prolonger la vie. Le docteur David Snowdon, professeur de neurologie à l'Université du Kentucky et auteur d'une récente étude (mai 2001) sur les effets des états dépressifs sur la santé, estime en effet que des sentiments négatifs tels que l'anxiété, la rancœur et la colère ont un effet néfaste sur l'état de santé d'une personne. Ceux et celles qui éprouvent ces émotions négatives ont tendance à souffrir de malaises cardiaques et d'attaques diverses (comme un anévrisme au cerveau). Il vaut mieux être riche et en santé que pauvre et malade, comme dirait un de nos grands humoristes, Yvon Deschamps.

L'optimisme est bon pour la santé. Le journal de l'Association médicale canadienne a publié un article en juillet dernier relatant le fait que les patients qui sont optimistes guérissent plus vite que les autres. La persuasion verbale et le soutien moral constituent des alliés sûrs. Les études des 35 dernières années vont dans ce sens.

J'espère avoir réussi à vous convaincre de l'importance de la gym mentale et des pensées positives dans vos vies. Aussi est-ce avec un esprit tonique que nous allons aborder un autre chapitre fort pertinent, celui de la gym corporelle.

# MOMENTS IMPORTANTS

*En mars 1973,*
*enceinte de six mois d'Alexandre:*
*une belle grossesse en santé.*

Ma maman, Madeleine, en 1982, et moi,
enceinte de Josée-France.
La reine des complices! Passionnée de la vie,
travailleuse acharnée, soutien absolu...
«Tout est possible et tu es capable si tu le désires vraiment»...
Oh! que je m'ennuie d'elle. J'aurais tant aimé
qu'elle voit tout ce qui m'arrive de beau.

L'homme de ma vie…

*En 1988,*
*en Arizona, lors d'un congrès:*
*je pesais alors 147 livres.*

*En 1996, à 49 ans: 117 livres*
*comme quoi la forme n'a pas d'âge !*

## Étape 6
# Un seul mot: bouger!

*«L'idée de certaines femmes
pour faire de l'exercice,
c'est de magasiner plus rapidement. »*

Inconnu

*«Mieux vaut peser plus lourd en muscles qu'en gras,
cela prend moins de place dans mes vêtements.»*

M.- J. L.

*«La transformation des habitudes doit être
opérée lentement mais avec persévérance.»*

Robert G. Jackson

## Adieu vieillissement!

**N**otre corps, nous ne le réalisons pas assez, est une formidable machine, plus perfectionnée que les ordinateurs les plus performants; la précision de son mécanisme et sa puissance sont tout à fait étonnantes. Comme n'importe quelle machine, il faut l'entretenir pour la garder en bon état. «Grouille, sinon rouille»: voilà ma devise! J'ai compris que pour conserver et améliorer ma santé, ma taille, mon tonus physique, moral et mental, en un mot me maintenir en forme, il me faut absolument bouger.

À preuve, la consigne du docteur William Osler, médecin réputé du XIX<sup>e</sup> siècle: «Promenez votre chien tous les jours, même si vous n'en avez pas!»

- Exercices réguliers
- Respirations profondes

Chaque jour, on doit avoir une bonne dose de ces deux agents anti-vieillissement. Comme le soulignait Robert G. Jackson dans son ouvrage *Ne plus jamais être malade:* «Une activité musculaire plus élevée entraîne une respiration plus profonde et plus fréquente. Cela augmente l'absorption d'oxygène et l'élimination du gaz carbonique». J'ajouterai que cela représente une épuration du sang qui, ainsi fortifié, peut opposer une meilleure résistance aux bactéries.

C'est bien simple comme énoncé: moins les muscles sont utilisés, plus le sang a tendance à stagner et à retourner vers les capillaires, ce qui augmente le travail du cœur. J'ajouterai également que l'exercice nous permet de procurer à notre peau trois bains:

- *Bains de lumière* avec le soleil (marches au bord de la mer, sur une route de campagne, exercices de Taï Chi dans un parc public ou son jardin);
- *Bains d'oxygène* avec l'air pur (marches, exercices, jeux dehors);
- *Bains d'eau* (exercices dans un lac ou une piscine: aqua-gym).

## IMPORTANT

Les organes et les fonctions qui n'utilisent pas leur potentiel vont peu à peu à leur perte, sur la voie de la destruction:

- La musculature s'affaiblit;
- La capacité respiratoire s'atténue;
- La circulation s'atrophie;
- La digestion se fait mal;
- L'élimination par les intestins ralentit;
- Les réflexes diminuent;
- Le moral en prend un coup car la personne, à n'en point douter, vieillit prématurément.

**Je n'avais rien d'une athlète...**

Faire de l'exercice, pour moi, est aussi important que l'air que je respire.

Pourtant, je ne me souviens pas d'avoir été athlétique étant petite fille ou adolescente. Ce que je pratiquais comme activité physique peut se résumer, comme bien des enfants de mon âge à l'époque, à patiner et à glisser en luge l'hiver, et à construire des barricades de neige sur le bord de la rue Plessis; une fois le temps plus doux revenu, on passait notre temps à courir et à s'amuser au parc Lafontaine, jouant à la *tag* ou à la cachette; l'été, on gigotait dans l'eau du lac ou, mieux encore, on allait se baigner à la piscine de l'île Sainte-Hélène. Au couvent, on se disputait entre amies des parties de ballon chasseur. J'ai tout arrêté à l'âge de 12 ans. Non, je n'avais rien d'une athlète, sinon j'aurais continué. C'est quand même étonnant que j'aie pu atteindre une bonne forme et la maintenir.

Il est vrai qu'avec un mari ex-boxeur et naturiste, j'ai bien vite fait de saisir que le corps est un outil formidable qu'il faut connaître, comprendre et maîtriser. Aujourd'hui, les gens connaissent des milliers de choses, d'ici et d'ailleurs sur la planète, mais en savent bien peu sur leur propre corps. Pourtant, ils auraient intérêt à l'apprivoiser et à le respecter.

**Drogue du bonheur!**

L'exercice est ma drogue du bonheur. Vous n'êtes pas sans savoir que, sous l'influence de l'exercice, le cerveau produit des endorphines. Il s'agit de substances ayant un effet euphorisant. J'ai une amie qui, à la suite d'une perte d'emploi, manquait d'entrain et d'enthousiasme. Elle voyait tout en noir, ce qui ne correspondait pas du tout à son tempérament. On lui avait prescrit des antidépresseurs. Elle a refusé d'en prendre, car elle ne voulait pas être dépendante de la chimie pour redresser son moral. Ayant entendu parler des effets positifs de l'exercice, elle qui n'avait jamais fréquenté de clubs sportifs, elle s'est abonnée pour six mois au YMCA. Elle y allait chaque jour; elle se fixait de petits défis qu'elle relevait avec succès.

Elle avait aussi ajouté à ma suggestion des doses quotidiennes d'une formule à base de millepertuis, ginseng et kava-kava. Ces plantes combattent efficacement l'anxiété, la dépression et le stress.

Au bout d'à peine trois semaines, elle n'était plus la même. Peu de temps après, elle se trouvait un autre travail. Pas étonnant, puisqu'elle «pétait» la forme!

## Adieu toxines!

*«Pourquoi on se sent si propre, si bien après une séance d'entraînement intense? Parce qu'on a éliminé beaucoup de toxines!»*

L'exercice a également le pouvoir de désintoxiquer le corps. Il aide les émonctoires dans leur travail de désintoxication (la sueur), débarrassant ainsi le sang des déchets et des toxines qui s'y trouvent. L'exercice soutenu (20 minutes et plus) provoque la pleine activité des organes d'élimination: les reins, le foie, les intestins, la peau et les poumons.

## Un moment avec soi, un moment pour soi!

Il est étonnant de constater le pouvoir que l'on a sur nous-même par l'intermédiaire de notre corps. Même si on est en groupe, on est seule à habiter son corps, pendant et après l'effort, et à ressentir les effets de l'exercice.

L'exercice cardiovasculaire est un rendez-vous avec soi, selon ses forces et ses limites, peu importe l'activité: marche, danse, jogging, patin, ski de fond, vélo, etc. (au minimum trois fois par semaine). Il y a toujours une côte plus élevée, un tournant plus abrupt, des exercices plus intenses, une marche plus rapide, un sentier plus vallonné…

Ce contact avec le défi vous renforcera et vous donnera davantage confiance.

*Voici une série de raisons pour ne pas faire d'exercice. Vous reconnaissez-vous?*

- Je suis trop grosse;
- Je suis trop vieille;
- Je suis mal faite;
- Je ne suis pas souple;
- Je n'ai pas le temps;
- Je n'ai pas de souffle;
- Je suis trop gênée;
- Je n'ai pas les moyens;
- Je ne suis pas bonne là-dedans.

Vos pires ennemis sont en vous: vos peurs, vos complexes, vos doutes.

Et même si quelqu'un au gym ou ailleurs vous regardait de travers parce que vous n'avez pas la dernière paire d'espadrilles à la mode ou que vous n'avez pas le corps d'une déesse (moi non plus!), prenez le temps de bouger; votre forme et votre joie de vivre seront décuplées! Et la personne qui vous regardait de travers vous enviera bientôt tellement vous aurez l'air bien!

Saviez-vous qu'à peine 25 % des femmes aiment l'image que leur renvoie leur corps nu, et cela à n'importe quel âge?

Certaines femmes sont trop *exigeantes*; elles se comparent maladivement à des athlètes olympiques ou aux stars qui font la une des journaux et qui se sont soumises au bistouri à plusieurs reprises. À celles-là, je dirai simplement: MESDAMES, UN PEU DE RÉALISME S'IL VOUS PLAÎT!

D'autres ne se sentent *pas très attirantes* physiquement. À celles-là, je dirai simplement: PRENEZ LES MOYENS!

Beaucoup de femmes souhaiteraient avoir un plus beau corps mais peu consentent à déployer les efforts nécessaires pour y parvenir. Je vous souhaite bonne chance!

Voici une série de raisons pour faire de l'exercice. Vous reconnaissez-vous?

- Cela me garde mince;
- Cela me garde jeune;
- Cela me donne un plus beau corps;
- Cela me garde souple;
- Cela me donne du temps pour moi;
- Cela me donne plus de souffle;
- Cela me donne confiance en moi;
- Cela vaut l'investissement.
- Cela me prouve que je peux m'améliorer constamment.

## Sculpter son corps

Grâce à l'exercice, on peut redonner au corps vitalité et forme; on peut sculpter son corps, le remodeler par des séries d'exercices appropriés, et cela, peu importe la tranche d'âge où on est! Même à 40, 50, 60 ans, on peut commencer un programme d'exercices et en tirer de grands bénéfices.

Ces dernières années, je passe rarement une journée sans faire une séance modérée d'exercices de 30 minutes ou plus. Je me donne du bon temps, de l'énergie. Je me sens bien vivante quand je sens mes muscles travailler, que j'entends mon cœur battre, que je perçois un peu de chaleur dans mon dos et, qu'enfin, je regarde avec bonheur et fierté mes joues rouges et tonifiées!

## Un coup de fouet!

Une séance d'exercices agit sur notre organisme tout entier à la manière d'un coup de fouet. La *fatigue*, cette fameuse fatigue dont nous les femmes sommes si souvent victimes, se transforme progressivement en *énergie* et en *détente*. L'exercice stimule le métabolisme, active la circulation et la mémoire, et est aussi très bon pour la peau, en agissant un peu à la manière d'un lifting. Si vous êtes une hypertendue, sachez que l'exercice a un effet plus calmant dans votre cas.

L'exercice aide à:

- Développer sa vitalité et sa force;
- Accroître sa flexibilité;
- Augmenter sa résistance et son endurance;
- Chasser les tensions passagères;
- Contrer la déprime légère;
- Combattre l'insomnie;
- Prévenir le stress;
- Augmenter la joie de vivre.

**Ma dernière performance!**

Quand je me prépare pour une course de 5 ou 10 km, juste avant le signal de départ, c'est la fête dans ma tête, même si je sais que cela va être dur par moments. Je ne suis pas une *performer*; je cours pour m'amuser et me tenir en forme. La preuve: un parcours de 10 km me prend une heure et quelque... Mais je prends le temps de respirer, de regarder autour de moi et cela m'apporte beaucoup de joie. La modération a bien meilleur goût!

Souvent, on me demande comment je fais pour courir 10 kilomètres. Et moi, je réponds: un kilomètre à la fois. Il faut se tracer un but réaliste et tout faire pour l'atteindre. Sans panique et avec perspective.

Cette année, en mai 2001, j'ai participé pour la sixième fois au marathon du Festival de la santé, un parcours de 10 km. Mon fils Alexandre m'accompagnait. «Maman, t'es pleine d'énergie, t'as encore meilleure mine que les deux dernières années!» Comme si je rajeunissais avec le temps. À 54 ans et venant de lui, cela m'a fait vraiment plaisir.

C'est incroyable, cet événement est béni des dieux. Le troisième dimanche de mai a toujours été ensoleillé. Le pavé brille comme un miroir, l'atmosphère est conviviale. Quelle expérience enrichissante et stimulante! Je vous invite à venir nous soutenir lors de la prochaine édition et, si le cœur vous en dit, à participer!

### À chacun son truc!

Par ce témoignage, je ne veux que vous stimuler à faire des choix. Je ne veux rien vous imposer. Moi, la course, j'adore ça! J'aime aussi beaucoup la boxe. Assez étonnant pour une femme, mais c'est la vérité. Ce n'est pas juste pour les photos! La boxe correspond à mon énergie. Cet exercice en est un de réflexes aussi. Il faut être rapide, attentive (voir venir les coups) et cela me plaît beaucoup. Mais pour vous, les données sont probablement différentes. Une bonne marche de 30 minutes quelque peu accélérée est excellente pour évacuer les tensions musculaires et autres...

Comme on dit au Casino de Montréal: «Faites vos jeux!» Il faut en effet entreprendre un programme d'exercices physiques avec un esprit ludique, comme un jeu. Le plaisir et la joie de vivre doivent être de la partie, sinon vous ne vous y adonnerez pas longtemps.

## À FAIRE

- *Identifiez une activité physique,* un sport que vous aimez vraiment. Ce n'est pas le choix qui manque: natation, gym avec appareils, vélo ou vélo stationnaire, arts martiaux, ping-pong, marche rapide, danse, saut à la corde (de préférence sur une surface souple tel qu'un plancher de bois franc), etc. L'activité doit convenir à vos besoins: horaire, endroit, problèmes spécifiques, âge, etc.

- *Faites-en 30 minutes d'affilée,* tous les deux jours, en alternant le repos et l'effort. Si une journée vous ne pouvez pas faire d'exercice 30 minutes de suite, faites-en trois fois pendant 10 minutes; il est plus facile à trouver du temps ainsi. Mais *faites-en.* Au début, tenez un journal de bord. Après un certain temps, vous n'en aurez plus besoin, car le plaisir sera au rendez-vous et les valeurs ajoutées aussi. Je suis plutôt du genre à faire de l'exercice cinq ou six jours par semaine. Mais ce n'est pas conseillé à tout le monde et, *ce qui compte, c'est la régularité.*

- *Poussez un peu la machine,* demandez-en davantage à votre corps (quand vous êtes en grande forme) et vous serez étonnée de ses capacités. Il faut se provoquer un peu et relever des défis (bon pour le physique et le moral). Si vous suez pas mal, c'est bon signe: nettoyage des toxines internes.

Pour être en super forme

- *Respectez votre rythme.*

  Pour sentir que ça travaille, il faut que l'exercice présente un certain niveau de difficulté. Commencez par faire le nombre d'exercices indiqué, puis doublez ou triplez selon vos possibilités et les résultats obtenus. Trop faciles, vous ne travaillez pas; trop difficiles, vous ne tiendrez pas le coup! Mais il faut respecter son rythme. Au début, on s'apprivoise, on est fière; puis après, on intensifie, on se lance des défis et on les relève. Vous verrez que les frontières reculent au-delà de ce que vous pouvez aujourd'hui imaginer. Encore faut-il vous adapter à un rythme équilibré, bien dosé. Si vous êtes déjà une adepte de l'entraînement physique, sachez que l'on doit savoir augmenter mais aussi diminuer son rythme afin de pas perturber l'équilibre de son organisme.

- *C'est meilleur le matin!*

  Je crois personnellement qu'une séance d'exercices est le meilleur moyen de démarrer une journée! Bien sûr, on doit se lever un peu plus tôt, mais l'avenir appartient aux audacieux. On arrive au bureau en super forme; on attaque sa journée avec énergie et positivisme!

La méthode santé, beauté, vitalité...

- *Le soir a ses charmes aussi!*
  Précisons toutefois que je fais référence au début de la soirée. Si vous allez au gym après le travail ou que vous pratiquez un sport d'équipe, c'est aussi excellent, car vous évacuez du stress. Mais évitez les exercices avant de dormir.

- *Des résultats visibles.*
  Après deux à trois semaines, les muscles sont déjà beaucoup plus forts. Au bout de quatre à six semaines, on commence à voir vraiment la différence: les muscles ont plus de tonus et sont mieux dessinés.

- *Une question de poids.*
  Les résultats sont plus rapides chez les personnes dont le pourcentage de graisse est plus faible. Bonne chance! (voir Étape 4 – Une alimentation saine et vivante.)

## IMPORTANT

À celles qui font du jogging! J'aimerais vous souligner l'importance de ne pas courir sur le ciment autant que possible, parce que c'est dur pour le dos et les chevilles. Et cela peut même être dommageable à la longue. Essayez plutôt de courir dans les parcs!

Pour être en super forme

- *Consommer des antioxydants\* chaque jour;*
- *Toujours bien nettoyer votre foie pour éviter les douleurs;*
- *Boire après l'exercice,* car avant vous allez avoir envie d'uriner pendant votre séance.

## SUPPLÉMENTS

*Pour contrer la fatigue occasionnée et récupérer énergie et concentration après les séances d'entraînement, je vous conseille de prendre la formule* Athlétique Plus *de JMB Le Naturiste. Ce sont 19 aliments sélectionnés qui apportent une source d'énergie et de nutriments pour les personnes qui réalisent un travail physique exigeant. La formule contient, entre autres, de l'huile de germe de blé, de la lécithine, de la luzerne, du ginseng et des algues.*

### Six zones «à risque»

Au fur et à mesure que les années passent, il faut porter une attention particulière à six zones dites «à risque». Ces régions sont plus vulnérables au vieillissement, car elles sont souvent moins activées que les autres. Mais ce n'est pas une raison pour les négliger. Il est possible de sculpter et tonifier si on fait l'exercice assidûment. Voici donc des exercices simples à faire plusieurs fois par semaine:

---

\* *Après les efforts fournis à l'entraînement, il y a une surproduction des radicaux libres dans votre corps. Les antioxydants contribuent à les neutraliser et renforcent votre système immunitaire.*

La méthode santé, beauté, vitalité…

## Exercices simples pour tonifier
## et sculpter les 6 zones «à risque»

**Note**

Il est bon de prendre conscience de l'importance d'une respiration adéquate durant la séance d'exercices. Rappelez-vous que l'on doit *expirer* lorsque l'on fournit le plus gros effort. On devrait faire ces exercices trois fois par semaine pour de bons résultats.

## 1   LES FESSES

- *Pourquoi?* Le fessier chez la femme a tendance à prendre de l'expansion. Chez l'homme, c'est le devant, la bedaine! Chacun sa spécialité. Je me rappelle un copain qui disait, en voyant un derrière imposant: «Elle est large comme un autobus!» Il ne faut pas se laisser aller. Des fesses, croyez-moi, ça se sculpte!

- *Comment?* Il suffit de les contracter (15 secondes) plusieurs fois de suite (débutez par 10 fois, puis poursuivez jusqu'à 25 fois) quand vous êtes debout: à l'arrêt d'autobus, en attendant quelqu'un, en attendant à la banque, en faisant la vaisselle. Tenez la contraction une dizaine de secondes et répétez, rapidement. À faire plusieurs fois par jour (au moins 5 blocs). Un autre bon exercice pour les fesses est de se coucher sur le dos, les bras le long du corps, les genoux fléchis, les pieds bien à plat au sol. Soulevez le bassin en contractant les muscles fessiers et l'arrière des cuisses. Ouvrez, fermez les genoux, puis revenez au sol. Ne poussez pas avec les mains.

- *Combien de fois?* 15 fois de suite. Pour augmenter la difficulté, répétez jusqu'à 30 fois.

## 2  LE VENTRE

- *Pourquoi?* La sangle abdominale doit être resserrée et tendue; de cela dépendent le maintien (élégance et posture du dos) et la qualité de l'élimination (adieu problèmes de constipation!). C'est donc une région prioritaire car, avec le temps, des muscles du ventre relâchés risquent de moins tenir en place les organes contenus dans la cavité abdominale.

- *Comment?* Couchez-vous au sol sur le dos, les genoux légèrement fléchis à angle droit et les bras tendus vers l'avant; dans cette position, tentez de redresser le tronc. Ne tirez pas la tête avec les mains; c'est le ventre qui doit forcer. Au commencement, vous ne redresserez pas nécessairement le tronc à la verticale, mais vous verrez, avec de la régularité, vous serez surprise de votre performance.

- *Combien de fois?* Débutez par 10 fois, puis poursuivez jusqu'à 30 fois. Si possible, vu son importance pour la santé, faites cet exercice tous les jours (cela prend de deux à trois minutes!).

## 3   LE BAS DU DOS

* *Pourquoi?* Cette région délicate exige une attention toute particulière. Plusieurs personnes, vers 40 ans ou même avant, se retrouvent avec des malaises dans cette région. Il faut plusieurs fois par jour contracter les muscles du ventre pour bien tenir cette partie du dos. Mais il faut également faire un exercice spécialement destiné à le renforcer.

- *Comment?* On peut activer cette région en pratiquant la flexion du tronc vers l'avant. Baissez la tête et le corps jusqu'au genoux, gardez le tronc droit, les mains le long du corps, les jambes légèrement écartées, en ayant soin de fléchir un peu les genoux pendant le mouvement.

- *Combien de fois?* Débutez par 10 fois, lentement. Puis augmentez jusqu'à 30 fois en augmentant quelque peu la vitesse d'exécution.

## 4   LES CUISSES

- *Pourquoi?* Cette région est vulnérable; les muscles s'y atrophient et la cellulite s'y installe à demeure.

- *Comment?* Placez-vous en position de génuflexion. On débute avec la jambe gauche, que l'on fléchit vers l'arrière. Très lentement, on fait la génuflexion sans toucher le sol, puis on remonte. Le genou de la jambe droite doit rester à la verticale. Pour augmenter la difficulté, on tient des poids dans chaque main (entre 3 et 10 livres).

- *Combien de fois?* 10 fois d'un côté et 10 fois de l'autre. Augmentez graduellement, si vous le pouvez, jusqu'à 30 fois de chaque côté (par blocs de 10 génuflexions).

## 5   LES ÉPAULES

- *Pourquoi?* Des épaules bien définies assurent un bon maintien et tiennent le corps en équilibre. Dégagées et bien nettes, elles donnent de l'allure et sont garantes de confiance.

- *Comment?* Tenez une charge quelconque (des livres ou, encore mieux, des haltères de 3 à 5 livres) dans chaque main devant vous, dans un sens, puis dans l'autre. Les bras doivent être tendus et la respiration bien contrôlée. Si c'est trop difficile, prenez des poids légers (comme les livres) et tracez les cercles sur le côté.

- *Combien de fois?* Débutez par 5 cercles à gauche, puis 5 cercles à droite. Allez graduellement jusqu'à 10 ou 15 fois de chaque côté. Trois séries. N'oubliez pas de bien inspirer et expirer.

Pour être en super forme

## 6  L'ARRIÈRE DES BRAS

- *Pourquoi?* Il s'agit d'une zone à problème pour plusieurs femmes. S'ils ne sont pas sollicités et exercés, avec l'âge, les bras manquent de définition et risquent de devenir flasques et envahis par la cellulite (à l'arrière et à l'intérieur surtout). Quand on suit une cure d'amaigrissement, vous le savez comme moi, cette partie du corps est vulnérable! C'est donc un exercice «à vie» si vous souhaitez garder des bras vigoureux, à l'allure jeune.

- *Comment?* Vous pouvez toujours faire, comme moi, des redressements (*push up*) pour tonifier les bras, incluant l'arrière au maximum (3 séries de 10 redressements). Mais… comme tout le monde n'aime pas forcément ça, vous pouvez aussi faire des exercices avec des haltères de 3, 5, 8 ou même 10 livres éventuellement (en regardant la télé… donc pas d'excuses!). Coudes pliés de chaque côté *derrière la tête*, les deux mains tiennent l'haltère, au milieu, juste vers le bas du cou.

Levez lentement l'haltère vers le haut, jusqu'à ce qu'il soit bien tendu au-dessus de votre tête. Puis baissez lentement les bras, en écartant vos coudes, ramenant l'haltère à la position première. Il est important de faire cet exercice lentement pour bien sentir les muscles travailler et pour ne pas se blesser.

- *Combien de fois?* Faites-le 10 à 15 fois. Si vous n'avez pas de douleur, vous pouvez augmenter très graduellement jusqu'à 30 fois. Faites 2 à 3 séries à chaque session.

### Note

Je vous suggère une pause d'environ 30 secondes entre chaque série de mouvements.

### Une question de priorité!

Dans la famille, mon mari et mes enfants accordent comme moi beaucoup d'attention à la bonne forme physique. C'est un choix que nous avons fait d'installer une salle d'exercices à la maison. Certains se font installer des cinémas maison; chez nous, c'est la salle d'exercices. Avec l'arrivée des enfants, c'est souvent difficile de conjuguer leur emploi du temps et le nôtre. Comme je voulais intégrer l'exercice dans mon quotidien tout en sauvant du temps et des déplacements, on a opté pour une installation de quelques appareils à la maison. On a débuté avec les moyens du bord, des équipements d'occasion achetés chez l'un ou l'autre, puis, au fil des ans, mon mari nous a monté un équipement de première classe. Nous avons donc un sauna, un tapis roulant, un vélo stationnaire, une panoplie de poids de différentes grosseurs et un banc d'entraînement. Nous les utilisons tous les jours.

Par contre, j'adore m'entraîner à l'occasion dans des gymnases extérieurs. Je me débrouille toujours pour trouver un centre de conditionnement lorsque je voyage. Au Québec, il y en a d'excellents presque partout. Il y a aussi de plus en plus d'hôtels qui «s'équipent» pour satisfaire cette demande. En ce qui me concerne, c'est un critère qui compte beaucoup dans mon choix d'un établissement hôtelier (c'est presque la première chose que je demande). En général, les hôtels (ou les motels) plus petits proposent un centre d'entraînement situé à proximité avec qui ils ont une entente. C'est bien pratique, surtout l'hiver, dans les gros froids, quand je ne peux courir à l'extérieur. De plus, on y fait souvent des rencontres stimulantes, avec des gens qui essaient aussi de se garder en forme!

### Rentabiliser son temps!

Souvent, je n'ai même pas une heure devant moi. Il est 18 h 10 et j'ai une soirée à 20 h. Je fais une séance d'exercices au sol, puis je prends un bain sauna. Au total: 40 minutes. Il ne me reste que très peu de temps pour me refaire une beauté. La femme sophistiquée, ce sera pour une autre fois!

Je décide à l'avance ce que je veux porter. Je me fais les ongles en vitesse, en appliquant une couche de vernis transparent (je médite pendant le bref séchage), puis je me maquille rapidement. J'ai opté il y a quelques années pour une coiffure courte et simple, facile à placer après une séance de sauna et d'exercices, et j'en suis ravie. Je me regarde dans la glace et me souris! Voilà, le tour est joué et je peux me relaxer.

### «Tu montes chérie!»

Il n'y a pas d'excuses, non vraiment pas. Je crois profondément qu'il s'agit de notre *mind set* comme disent les Américains, soit notre détermination et notre disposition d'esprit. Une fois que le déclic est fait, les actions ne sont plus les mêmes, les efforts ne sont plus aussi lourds. Les efforts se transforment en occasions.

Par exemple, monter et descendre les *escaliers*. Cet exercice constitue une dépense calorique remarquable (250 % plus de calories que de nager et 23 % plus de calories que de courir). C'est pratique, simple, économique et drôlement efficace.

Profitez de toutes les occasions. Sachez saisir le moment présent, car *Tempus fugit*, comme on dit. Le temps file… alors il faut tenter de le maîtriser.

**«Donnez-moi... donnez-moi de l'oxygène!»**

Comme le chantait Diane Dufresne: «Donnez-moi... donnez-moi de l'oxygène.» C'est très important pour tout notre système. L'oxygène doit atteindre le cœur. Pour ce faire, il faut compter sur le taux d'oxygène dans le sang et sur l'irrigation des artères coronaires. La douleur que l'on ressent parfois au cœur est souvent due à une carence en oxygène.

## CONSEILS

Ne pas oublier de respirer, le faire profondément. Prendre de la vitamine E complètement naturelle; celle-ci apporte de l'oxygénation à l'organisme et améliore la circulation. Pour prévenir et déloger le cholestérol des membranes cellulaires du cœur et nourrir les cartilages des articulations, les huiles de saumon et de lin sont excellentes (*Bio-0 750* de JMB Le Naturiste, prendre 1 capsule par repas). Ces huiles constituent une source d'acides gras essentiels de type oméga 3.

## Le soleil, mon ami

Le soleil, c'est la vie. Peut-on vivre sans soleil? Je serais tentée de dire comme la publicité de l'Institut Esthederm en France: «L'abus de soleil nuit, son absence aussi.» Je crois intimement que le soleil rime avec la vie; il est indispensable à la vie par sa chaleur et sa lumière. Ses rayons sont nécessaires à la santé mentale ainsi qu'à la santé de notre corps.

Les bienfaits du soleil:

- Procure une sensation de joie;
- Favorise la calcification des os;
- Participe au développement musculaire;
- Renforce le système immunitaire;
- Alcalinise l'organisme;
- Accroît l'activité des glandes;
- Diminue le taux de cholestérol;
- Désintoxique.

Mais il peut assurément se révéler nocif si on en abuse. Il peut causer une déshydratation superficielle ou profonde, occasionner des rides et des taches pigmentaires, des brûlures plus ou moins importantes et, pire, un cancer de la peau.

Comme la couche d'ozone s'amincit de jour en jour, les rayons nocifs du soleil ne sont plus filtrés et arrivent directement sur nous. On ne peut quand même pas, dans ce contexte, vivre en recluses. Surtout que nous vivons ici dans un climat très rude une partie de l'année. Comme le chante Gilles Vigneault: «Mon pays, ce n'est pas un pays, c'est l'hiver…» Nous rêvons de la chaleur et du soleil d'été.

Mais il y a certes des choses à faire pour ne pas souffrir des méfaits de cet astre de feu:

- Appliquer dès le matin une crème de jour à base d'antioxydants;
- Attention aux reflets de la neige, de l'eau, de l'asphalte et du sable, car ils réfléchissent les rayons du soleil; si vous allez dans les hauteurs, n'oubliez

pas que plus on grimpe, plus le soleil est fort!
- Ne pas s'exposer plus de 20 minutes par jour au soleil;
- Éviter de s'exposer entre 10 h et 14 h; c'est à ce moment que les rayons du soleil sont les plus nocifs;
- Se protéger adéquatement pendant l'exposition, surtout si elle doit être prolongée (activités sportives ou travail à l'extérieur).

### Mes complices

Certains suppléments m'aident à garder une peau saine et même à bronzer joliment.
- *Un mélange d'huile de bourrache, de carthame, d'onagre et de rose musquée* (*Bio F* de JMB Le Naturiste): acides gras essentiels à la santé et à la beauté de la peau.
- *Une formule antioxydante à base de béta-carotène,* vitamine C, vitamine E et sélénium (*Extra 11* de JMB Le Naturiste): pour avoir une coloration plus intense, pour ralentir le vieillissement de la peau, comme protection antioxydante générale et pour le maintien du taux de collagène.

Maintenant que le corps est en forme ou a tout pour l'être, c'est avec un esprit tonique que nous passerons au chapitre suivant. Étape 7 – Vivre pleinement sa féminité. Cette section nous apprendra comment passer bellement à travers les étapes de la vie d'une femme, qui comportent, selon chacune de nous, des particularités certaines.

# Vivre pleinement sa féminité

*«Être femme est un privilège.*
*Car nous donnons la vie.»*
M.-J. L.

## Les périodes de la vie d'une femme

La vie d'une femme comporte des étapes bien précises que je pourrais diviser en quatre périodes: menstruation, grossesse, ménopause et vieillesse.

Je suis convaincue qu'avec l'attention à soi nécessaire, nous pouvons passer harmonieusement à travers ces périodes. Nous sommes privilégiées de vivre comme femmes, car nous donnons la vie, comme amante et comme mère.

Je n'envie pas le sexe masculin; il est vrai que leur monde semble parfois plus simple que le nôtre, mais nous avons un accès direct à une panoplie d'émotions et d'expériences qui tendent à nous rendre plus humaines et nous donnent une force différente. Avant de passer en revue ces diverses étapes, abordons la question des menstruations qui, pour certaines, sont vraiment pénibles.

## MENSTRUATIONS
### Quelques gouttes de sang et nous voilà femme!

Les premières menstruations constituent une étape importante dans la vie d'une jeune fille. Il y a celles qui les attendent et celles qui les ont (Ah les chanceuses!). Moi, j'étais tout à fait normale, cela s'est passé autour de 13 ans et ce fut vraiment sans histoire.

J'ai été chanceuse tout au long de ma vie, je n'ai jamais eu à faire face à des menstruations pénibles, ou très rarement. J'ai toujours considéré que cela faisait partie de la vie d'une femme et que ces règles contribuaient grandement à nous nettoyer l'organisme une fois par mois. Peut-être parce que j'ai presque toujours mené une vie saine (c'est sûr que cela aide!).

Toutefois, certaines femmes sont aux prises avec des douleurs lancinantes qui les contraignent, à l'occasion, à garder le lit et à s'absenter du travail. Je connais des femmes qui ont les nerfs à fleur de peau (leurs maris déplorent qu'elles grimpent aux rideaux...), alors qu'elles sont sujettes à de l'hypersensibilité et ont tendance à broyer du noir.

Les douleurs menstruelles et leur cortège de maux peuvent être réduits; voici mes recommandations:

- Éliminer tous les sucres et les aliments raffinés;
- Faire attention à soi et s'accorder plus de repos et tant pis si l'entourage immédiat se plaint;
- Faire des exercices de relaxation, incluant des séances de respirations profondes;

- Prendre, après chaque repas, une tisane qui aide le système hormonal à bien s'ajuster pendant cette période;
- Faire régulièrement de l'exercice physique modéré. C'est essentiel pour la circulation et le bon fonctionnement des glandes;
- Éviter tous les stimulants (café, thé, chocolat et boissons alcoolisées);
- Prendre de la vitamine E avec de l'huile d'onagre en capsule, une fois au déjeuner et une autre fois au souper;
- Lorsque les douleurs sont trop fortes, se coucher avec une bouillotte d'eau chaude sur le ventre; prendre une bonne tisane de camomille pour se calmer.

## SUPPLÉMENTS:

Pour aider à équilibrer le système hormonal et diminuer les douleurs causées par les crampes menstruelles:

- *SP Elle* (sachets) JMB Le Naturiste contenant des isoflavones, du soya, des minéraux, des acides gras essentiels et des vitamines du complexe B.

Tout particulièrement pendant cette période du mois, on a intérêt à rechercher le calme, à cultiver une approche positive de la vie et à maintenir une belle harmonie avec ses proches. Petit détail mécanique mais qui a aussi son importance: on doit éviter la constipation.

## GROSSESSE
## Porter un enfant… un hommage à la vie!

Comme me disait l'une de mes amies: «J'ai mis ma robe à poids…» À chaque grossesse, je dois admettre que j'ai pris au moins 35 livres, et encore plus pour ma petite dernière, Josée-France. Je n'ai jamais paniqué à l'idée de ne pas retrouver ma taille de guêpe. Mon mari m'avait prévenu: un gain de poids entre 25 et 30 livres est tout ce qu'il y a de plus normal: 7,5 livres pour le bébé, 1,5 livre pour le placenta, 2 livres pour l'augmentation de l'utérus, 3 livres pour l'augmentation de la quantité de sang, 1 livre de plus pour les seins, 3,5 livres pour l'augmentation de la quantité d'eau dans l'organisme et, finalement, plus ou moins 5 livres de graisse…

Il faut ce qu'il faut un point, c'est tout! En effet, il ne faut pas craindre de se nourrir pour deux, en ayant cependant en tête un mot d'ordre: *la qualité!* J'ai monté mon apport calorique à 3000 calories par jour au lieu de plus ou moins 2000 en temps normal, mais toujours un avec apport de qualité. C'est le même principe que dans le choix des matériaux pour la construction d'une maison. Pensez-y!

La grossesse est une période très spéciale dans la vie d'une femme. Dans la mienne, ce fut merveilleux. Je m'estime chanceuse, car je n'ai pas été affligée d'un cortège de maux et de malaises qui ternissent les joies liées à cette période de vie.

## CONSEIL

Je recommande aux femmes qui veulent être enceinte de prendre de l'acide folique. Cela favorisera une grossesse épanouie et une bonne santé pour l'enfant.

Afin de passer bellement à travers votre grossesse, voici mes recommandations générales:

PENDANT ET APRÈS LA GROSSESSE
À BANNIR:

• *Les excitants:*
cigarette (un poison pour la mère et le fœtus), thé, café, alcool, sucres.

• *Les pensées négatives*:
(voir Étape 6 – Gym mentale). Il m'arrivait de faire une méditation pendant laquelle je disais: «Je remercie la Providence de l'enfant beau et sain qu'il me donne». Concevez votre propre phrase et répétez-la au cours de la journée et surtout le soir, comme une prière, avant de vous coucher. Votre subconscient travaillera pour vous toute la nuit.

• *Les tisanes*:
Attention, il vaut mieux les **éviter** durant la grossesse. Si vous avez l'habitude d'en boire, demandez à une conseillère experte quelles sont les tisanes les plus douces et les plus appropriées pour votre état.

Pour être en super forme

## SUPPLÉMENTS À PRENDRE

Je vous conseille le complexe de capsules *Materni Femme* de JMB Le Naturiste, un complexe réunissant 20 ingrédients-aliments spécifiques qui apportent à la femme enceinte de nombreux nutriments essentiels. Combinez à cette formule la multivitamine *FemmActive*, qui offre un complément harmonieux grâce à son apport en calcium, fer, magnésium et bioflavonoïdes.

Ces deux formules sont des atouts pour la santé de la mère et du bébé à venir.

### À FAIRE:

- Des *exercices* tels que la natation, la marche, le yoga et les exercices particuliers qui préparent à la «délivrance»;

- De la *relaxation*: avec cassette de musique douce, que vous ferez écouter ensuite à votre poupon pour qu'il s'endorme ou simplement s'apaise;

- Des séances de *respiration* qui vous apporteront une détente immédiate et qui vous prépareront, en partie, aux respirations enseignées pour l'accouchement.

## CONSEILS SPÉCIFIQUES APRÈS LA GROSSESSE

Comme votre organisme a donné un effort soutenu et prolongé durant la grossesse (force d'adaptation) et durant l'accouchement (force d'expulsion), vous devrez refaire vos énergies. Voici quelques points à surveiller tout spécialement:

- *Le sommeil:*
  vous devez dormir un nombre d'heures suffisant, dans une pièce calme et bien oxygénée; laissez vos tracas et vos rancunes au vestiaire et laissez-vous aller doucement dans un sommeil réparateur, en étant bien consciente des bienfaits qu'il apportera. Faites deux siestes par jour d'une durée d'une heure à une heure et demie durant les deux premières semaines après l'accouchement. Par la suite, n'en faites qu'une par jour!

- *La revitalisation de votre système* :
  vous devez prendre certains suppléments afin de vous refaire une force physique. Le matin, je vous conseille de prendre la formule *Biomel 600* de JMB Le Naturiste, qui contient une combinaison de gelée royale et de propolis. Ce sont des nutriments tonifiants et nutritifs. *Marchez régulièrement* dès que l'énergie est de retour, question de vous détendre, de vous tonifier et de vous changer les idées!

- *Un supplément de fer végétal:*
  durant cette période, et même lorsque les règles reprennent, on a intérêt à compenser la carence en fer par un supplément. J'insiste sur le fer dit végétal. Les autres formes de fer peuvent entraîner des problèmes de constipation chez la mère et des coliques chez le poupon (si vous allaitez).

## ATTENTION!

Les kilos, lors des moments transitoires et des changements hormonaux (puberté, grossesse, ménopause), nous font la vie dure; ils ont tendance à nous coller à la peau. Mieux vaut être vigilantes, car près de la moitié des femmes prennent, au cours de leur vie, quelque quatre kilos (près de neuf livres). Il y en a à qui cela va bien… Si on accumule trop, on ne s'y retrouve plus, on ne se plaît plus. Malheureusement, plus tard, la surcharge pondérale sera encore plus difficile à combattre.

Mais non, pas de panique! Ne vous découragez surtout pas. Je suis passée par là moi aussi. Après mes accouchements, je me souviens très bien que mon mari me disait à quel point il me trouvait magnifique et resplendissante. N'oubliez pas, vous venez de mettre un être humain au monde. C'est fantastique. Il est aussi normal et heureux que cela bouleverse.

Lorsque vous serez prête à passer à l'action (peut-être aussitôt que bébé fera enfin ses nuit?!), remettez tout de suite le compteur à zéro. Si vous acceptez de me faire confiance (relisez le chapitre Une alimentation saine et vivante), ma méthode vous aidera à retrouver votre taille et une vitalité formidable!

Dites-vous que déjà, aujourd'hui, en ce moment même, vous avancez sur une voie de gagnante. Je vous propose de répéter, avec conviction, ces phrases de mon avant-propos:

- Je suis responsable de ce que je suis et de ce que je serai;
- Je renouvelle mes choix au quotidien.

En passant, si vous avez accouché il n'y a pas longtemps… je vous offre les plus belles fleurs de mon jardin secret. Puissiez-vous être une maman comblée d'amour, comme je l'ai toujours été par mes trois enfants. Pensez-y, vous aurez de l'amour à partager jusqu'à la fin de vos jours! Bravo. Mille fois bravo! Que voulez-vous, pour moi, les enfants, avec tout ce que cela signifie, c'est vital pour mon équilibre personnel. Même jeune, je pensais ainsi. «Chaque enfant qui naît apporte son pain sous le bras.» C'est vrai. L'enfant nous aide aussi à devenir meilleur. De plus, l'amour et le soutien de mon mari, à tous les moments de ma vie, ont contribué à m'affirmer totalement. Je suis très privilégiée et je le sais. Dans la cinquantaine, je l'apprécie plus que jamais.

# LA MÉNOPAUSE
## Le retour d'âge

L'approche de la cinquantaine semble, pour certaines, une période difficile à accepter. Pour moi, c'est un temps où je sens que je suis en possession de mes moyens. Je me sens plus jeune que jamais; certains jours, j'ai l'impression d'être une dynamo! J'ai la chance d'avoir un mari formidable, des enfants et des petits-enfants adorables, une sœur et une demi-sœur près de mon cœur, une poignée d'amies et amis sur qui je peux compter, sans parler de mon travail que j'adore.

### Un peu d'histoire

Entre 45 et 55 ans, la cessation des règles est un fait universel qui ne comporte aucun stress spécifique pour nos sœurs africaines, asiatiques, arabes, indiennes, sud-américaines ou européennes de l'Est, alors que c'est une menace effroyable pour un nombre important de femmes occidentales. Et comme le monde marche à l'heure de la mondialisation, imaginez la situation dans une décennie...

Remontons dans le temps. Danièle Starenkyj relate, dans son livre *Une autre approche... Être femme à tout âge*, comment certaines époques ont donné lieu à une interprétation négative de la ménopause.

À l'époque romaine, les femmes étaient affranchies et avaient réussi à obtenir leur indépendance économique, mais aussi leur indépendance sexuelle. Pour avoir la cote lorsqu'elles vieillissaient, elles avaient recours à une médication agressive et à des artifices vestimentaires et cosmétiques tout à fait incroyables (bijoux extravagants, dentiers faits avec des dents saines arrachées, entre autres, aux esclaves...). Aujourd'hui, plusieurs femmes se soumettent à des régimes, prennent des médicaments et dépensent une fortune pour contrer leur retour d'âge. Certaines optent pour une médication qui prolonge les règles, croyant, à la manière des médecins français du XVIIIᵉ siècle, qu'il fallait que le sang sorte... pour éliminer les toxines. À cette époque, on pratiquait des saignées pour provoquer l'excrétion des toxines par la peau en créant des «sorties». Puis, on les cautérisait (on brûlait la peau) avec une tige métallique chauffée au rouge pour créer des plaies sèches... Bref, qui a dit qu'il fallait souffrir pour être belle? Aujourd'hui, nous avons une approche plus simple et plus saine de cette période de vie qui libère la femme de ses règles et lui permet de penser à elle, de s'exprimer pleinement...

## Zones de lumière

Nous avons toutes, quelles que soient nos conditions de vie, des zones d'ombre mais également des zones de lumière, c'est-à-dire nos points positifs. Il faut savoir les identifier et les multiplier.

## Exercice

❋ Identifiez vos succès d'accomplissement personnel et vos plus grandes sources de joie, par priorité dans votre vie:

_____

_____

_____

_____

_____

_____

_____

_____

_____

_____

Relisez ce que vous avez sélectionné de temps en temps. Ayez-le en tête dans votre jardin secret.

Misez sur ces zones de lumière, car elles sont aussi garantes de votre santé-beauté.

## Un virage

Je ne peux nier que la ménopause marque un tournant dans la vie:

- Les femmes qui n'ont pas eu d'enfant le regrettent parfois. Certaines constatent avec une tristesse, souvent cachée, que leur période de fécondité est désormais révolue.

- Les femmes qui ont eu des enfants voient ceux-ci s'éloigner dans tous les sens du terme: préoccupations, champs d'intérêt, domicile.

- Celles qui travaillent se rendent compte qu'elles en ont à peine pour 15 ans encore. Certaines voient la retraite sans grande réjouissance, ayant moins de perspectives à l'horizon.

- D'autres, outre les malaises reliés à la ménopause, sont touchées par des ennuis de santé et d'argent. Elles voient leurs parents vieillir et cela leur rappelle leur propre vieillesse.

Plusieurs redoutent la ménopause, alors qu'elle peut être une période très positive, de grande forme physique, de contact avec son moi profond et ses aspirations cachées. Une période aussi plus harmonieuse avec notre entourage. Un temps de notre vie où on a beaucoup à donner à ceux et celles qui peuvent bénéficier de notre expérience. On apprécie chaque jour d'une manière différente, puisqu'on a l'impression que les années passent trop vite.

C'est un stade idéal pour réévaluer son présent et son avenir. À n'en point douter, c'est une période de constats, mais aussi de transformations. On prend conscience de ce qu'on a réalisé et de ce qu'on n'a pas réussi à accomplir. Quelque part, on accepte qu'on n'ait pas pu tout faire. C'est le temps de la sagesse. On doit tout simplement réfléchir à nos priorités, choisir souvent de nouveaux objectifs plus réalistes et, pour être heureuse, les traduire dans un plan d'action.

*De vraies valeurs*

J'ai remarqué que vieillir est plus difficile, voire menaçant, pour les femmes qui trop souvent ont accepté d'être perçues comme «objets sexuels»; la jeunesse constituait pour elles un atout majeur. Le virage risque alors d'être plus difficile. Cela ne veut pas dire qu'elles ne sont plus belles et désirables. Mais, que voulez-vous, quand on est dans la cinquantaine, on est d'une beauté différente de celle de nos vingt ans.

Vieillir ne veut surtout pas dire renoncer à toute coquetterie. Au contraire. Et vieillir ne veut pas dire non plus répondre bêtement aux stéréotypes que notre culture entretient.

Ne vous laissez pas aller. Pas de panique.

- Demeurez ouverte aux autres. Cultivez vos amitiés et partagez vos soucis comme vos joies.

- Démontrez de la curiosité et un certain attrait pour la nouveauté. Intéressez-vous à de nouveaux horizons... (Commencez des cours de danse africaine ou d'aquarelle, si le cœur vous en dit!)

- Faites preuve parfois d'une certaine forme d'égoïsme pour vous-même. (Apprenez à donner avec mesure à vos enfants et à vos parents; soyez votre meilleure amie.)

- Faites preuve de régularité dans l'activité physique, car n'oubliez pas que la forme physique a des répercussions sur votre état psychique.

Juste une petite remarque sur ce dernier aspect: vous savez que désormais, je ne peux me passer d'exercices physiques au quotidien. Je réalise, en parlant de ménopause, que ces exercices me soulagent de l'anxiété et préviennent les moments de dépression que certaines femmes expérimentent en cette période de vie. Ils me libèrent également des tensions, de la colère (eh oui, cela peut aussi m'arriver) et m'équilibrent.

La ménopause est une étape normale de la vie d'une femme. Comme à la puberté, certaines d'entre nous subissent plus de malaises que d'autres. Mais, tout comme la puberté, ça passe!

Ce «mitan de la vie», selon la psychologue américaine Gail Sheehy, correspond à une deuxième adolescence. Une panoplie de moyens a été développée pour contrer les symptômes les plus courants, tels que les bouffées de chaleur, les sueurs nocturnes, l'insomnie, une fatigue accentuée, l'irritabilité, les palpitations, les maux de tête, les troubles circulatoires ou, encore, l'anxiété. Cette litanie semble lourde, mais toutes ces manifestations sont rarement réunies chez une même personne et, heureusement, n'arrivent pas toutes en même temps.

Ce n'est certes pas agréable, mais ce n'est pas la fin du monde! Il ne faut pas dramatiser et s'arrêter de vivre. Non, il ne faut surtout pas dramatiser (certaines sont championnes pour formuler à longueur de journée des plaintes à n'en plus finir). Il ne faut pas non plus se laisser empoisonner l'existence par ces petits bobos! On peut même en rire. Ne soyons pas trop susceptibles. Les blagues sur la ménopause ne manquent pas. Nos proches ne se gêneront pas pour nous taquiner de temps en temps.....

Durant la période de la ménopause, plusieurs femmes décident d'avoir recours à l'hormonothérapie. Il y a des « pour » et des « contre ». Ce traitement est loin d'être sans danger. Pour ma part, je tente d'éviter depuis longtemps les solutions chimiques, car je crains les effets secondaires (comme le cancer du sein). J'ai plutôt eu recours à des formules qui contenaient des phyto-œstrogènes, c'est-à-dire des formules à base de plantes. J'ai également modifié certaines habitudes alimentaires. Le changement hormonal commande un changement progressif (amélioré) de son mode de vie. Il en va ainsi pour chaque étape de la vie.

## Que se passe-t-il?

Nos ovaires prennent leur retraite et mettent plus ou moins un terme à leur activité, soit la production d'œstrogènes. Notre organisme réagit forcément; un mécanisme de compensation se met en place. En effet, ce sont les glandes surrénales qui viennent à la rescousse et produisent une certaine quantité d'hormones féminines. Si les surrénales fonctionnent bien, la ménopause se passe en douceur; si non, il faut y voir. On doit comprendre que leur condition, bonne ou mauvaise, est liée au stress.

Il faut donc les ménager, en évitant autant que faire se peut des situations stressantes. D'autres glandes, telles que la thyroïde, gèrent le changement hormonal qui s'opère progressivement dans notre corps.

## Solutions naturelles aux divers malaises

Pour contrer certains malaises, voici quelques suggestions:

- *Fatigue et irritabilité:*
  outre du repos, prendre des fortifiants à base de propolis et de gelée royale;

- *Bouffées de chaleur:*
  outre éviter l'alcool et les épices, prendre de l'huile d'onagre, de l'huile de bourrache, de la sauge, de la rose musquée du Chili (la formule *Bio-F 650* de JMB Le Naturiste contient tous ces ingrédients) et de la vitamine E; on peut aussi prendre des algues pour activer la thyroïde et de l'extrait surrénalien pour stimuler les glandes surrénales.

- *Ostéoporose:*
  outre faire de l'exercice régulièrement, prendre du calcium assorti de vitamine D pour le fixer sur les os, ainsi que du magnésium (voir plus loin dans le chapitre).

- *Varices et troubles de circulation:*
  outre l'exercice et les jambes surélevées quelque 30 minutes par jour, il est bon de prendre du gingko biloba (voir plus loin dans le chapitre).

- *Troubles d'insomnie:*
  outre cultiver le calme, adopter un rituel au coucher qui favorise la détente: bain chaud (de 15 à 20 minutes avant de dormir avec quelques gouttes d'huile essentielle de lavande ou de camomille et avec une chandelle parfumée à la lavande); doux massage avec une crème pour le corps légèrement parfumée à la lavande; tisane, par exemple à la valériane, pour augmenter la profondeur et la qualité du sommeil. Il ne faut pas se disputer avec son amoureux ou son enfant juste avant d'aller au lit! Dernier conseil: votre chambre doit être bien aérée et décorée dans des couleurs tendres et calmes!

## 10 trucs pour bien gérer son stress

Il est en effet capital, plus particulièrement dans cette période de notre vie, de conserver son calme, son optimisme et sa sérénité. Pour ce faire, il faut se doter d'un environnement paisible et rechercher la compagnie de personnes équilibrées.

1 *Parlez-en*:
  vous avez un problème sérieux? Vous êtes préoccupée par une question de petite importance? Peu importe la taille de vos soucis, parlez-en à votre conjoint, à une amie ou, mieux encore, à une complice. Mettez ainsi les choses en perspective; vous verrez la situation plus objectivement

et envisagerez une solution, seule ou avec vos confidents.

2   *Riez-en:*
le rire a un effet guérisseur. Il permet de prendre une saine distance par rapport à certaines situations ou à certaines personnes. Physiquement, le rire dilate la rate, apporte de l'oxygène aux poumons, stimule la production d'endorphines et peut, à l'occasion, produire un effet légèrement euphorisant.

3   *Contentez-vous:*
au moins une fois par jour, faites quelque chose qui vous plaît vraiment, juste pour vous, pour votre satisfaction personnelle et votre joie intérieure.

4   *Faites de l'exercice:*
brûlez cette énergie qu'occasionne le stress. Toujours la même règle (je n'en dérogerai jamais!), soit 30 minutes d'exercices par jour. Si vous souhaitez évacuer efficacement le stress, montez votre rythme cardiaque à environ 120 battements et vous verrez qu'au bout de deux mois, vous vous sentirez bien mieux. Comme disait une bonne amie: «Il faut bien sortir le méchant!» Prenez un oreiller, donnez des coups de poing dedans de toutes vos forces; dansez à perdre le

souffle sur un rythme endiablé. Vous irez ainsi tout droit vers votre libération.

5   *Soyez créative*:
Développez un intérêt pour quelque chose de nouveau ou que vous avez toujours voulu faire; utilisez votre imagination (en cuisine, en décoration, dans votre approche avec vos enfants). Cultivez votre curiosité et votre créativité; vous resterez ouverte d'esprit, donc plus jeune, plus longtemps.

6   *Apprenez à dire non*:
faites de la place pour vous dans votre vie. Apprenez à commander le respect. Renseignez-vous afin de mieux communiquer aux autres vos opinions. Si elles diffèrent, exprimez-vous toutefois calmement et clairement. N'attendez pas qu'on vous le demande et ne soyez pas frustrée si on ne s'intéresse pas à vous spontanément. Peu à peu, vous aurez la place qui vous revient.

7   *Soyez vous-mêmes*:
acceptez-vous, acceptez votre personnalité. Ne tentez pas de vous changer entièrement, tentez simplement de vous améliorer, de vous bonifier; apprenez à ménager vos forces et vos faiblesses. De plus, arrêtez de vous blâmer pour vos erreurs passées. Apprenez de ces erreurs, mais ne vous

laissez pas gruger par elles. Tirez vos leçons et passez à l'ACTION.

8    *Planifiez en fonction de vos priorités:*
mieux organiser sa vie enlève bien des soucis et du stress. C'est donc porteur d'harmonie. On dit bien «conflit d'horaires» quand deux activités se chevauchent. Établissez bien vos priorités et, surtout, ne surchargez pas votre agenda.

9    *Pensez positivement:*
ne recherchez pas constamment l'approbation de tout un chacun. Rapprochez-vous des gens qui vous aiment et vous encouragent. Ne laissez pas le doute envahir votre esprit et diminuer votre estime de vous-même. Tentez de faire vos journées avec le plus d'enthousiasme possible, même pour les tâches moins plaisantes (qui n'en a pas?). Vous vous sentirez mieux et serez de contact agréable (voir Étape 5 – Gym mentale).

10   *Soyez votre meilleure amie:*
soyez bonne et indulgente envers vous-même, comme vous souhaiteriez que vos proches le soient envers vous. Surtout, en cas de stress, n'allez pas en remettre. Vous devez vous apporter un soutien moral et physique inconditionnel. Faites-vous des petites douceurs et pensez à vous: un bain aromatisé à la lavande (pourquoi pas avec l'être aimé…), un massage, un masque de beauté,

un concert, une séance de méditation ou de respiration. Bref, soyez gentille envers vous-même. Votre gentillesse se répercutera sur les autres et leur fera du bien … (Comme l'adage le dit si bien: on ne peut donner que ce que l'on a.)

## Quoi manger?

Profitez de ce moment de votre vie pour revoir vos habitudes alimentaires. De toute façon, il n'est jamais trop tard pour MIEUX FAIRE! Retenez ceci: la variété, la fraîcheur et la qualité ont bien meilleur goût!

- *Plus de légumes frais et en saison:*
  de 4 à 6 portions chaque jour, comme accompagnement du plat principal, en collation, intégrés aux recettes (sauce spaghetti avec légumes au lieu des traditionnelles boulettes de viande); ils doivent être mangés crus ou légèrement cuits à l'étuvée (je ne recommande pas le micro-ondes). Essayez de nouveaux légumes (panais, poivrons, chou chinois) et préparez-vous des minestrones (bonne soupe aux légumes) régulièrement.

- *Plus de fruits frais et en saison:*
  4 fruits par jour, au déjeuner et en collation surtout. Il faut les manger principalement entre les repas ou au moins 15 minutes après les repas. Ils procurent plusieurs vitamines et favorisent le

transit intestinal (essayez les pruneaux dénoyautés, ça marche à coup sûr!).

- *Protéines végétales (+) et animales (-):*
  il est important d'absorber des protéines en quantité suffisante. Si vous souhaitez ne pas connaître la faim, il faut en manger le matin et le midi surtout. Vous éviterez ainsi d'avoir des fringales et aurez le sentiment d'être vraiment rassasiée. Toutefois, une surcharge de protéines acidifie le métabolisme et entraîne la mobilisation des réserves de calcium, puisque ce dernier est un minéral alcalinisant.

- *Bons gras:*
  il est bénéfique de prendre des huiles végétales (canola, tournesol, amande, lin, olive). Les huiles de première pression à froid ne sont pas dommageables sur le plan cardiovasculaire; elles sont même bénéfiques.

- *Soya:*
  on a découvert que les Asiatiques souffraient moins des symptômes causés par la ménopause que les Nord-Américaines. Allez faire un tour dans les boutiques d'aliments naturels: vous verrez, on y vend de délicieux produits à base de soya (sauce, tartinade, boisson). Certaines femmes vont même jusqu'à remplacer le lait de vache par le lait de soya. Essayez les saveurs parfumées

à la vanille, à la fraise et au chocolat, c'est tout à fait exquis! Le soya fournit un apport intéressant en fer et prévient l'ostéoporose.

- *Aliments entiers*:
  ne prenez pas (ou très peu) d'aliments raffinés ou transformés (voir Étape 4 – Alimentation saine et vivante).

## ATTENTION

- *Préférablement bannir ou réduire le sucre raffiné:*
  ce sucre stimule la sécrétion d'insuline et provoque une baisse d'énergie, provoquant ainsi l'effet contraire du but recherché.

- *Préférablement bannir ou réduire les repas trop copieux et trop épicés:*
  ils favorisent les bouffées de chaleur.

- *Préférablement bannir ou diminuer l'alcool:*
  un peu de vin, pourquoi pas? Mais surtout pas quand vous êtes fatiguée, car le petit coup de rouge ou de blanc risque de vous assommer!

- *Préférablement éviter le café, les boissons gazeuses (contenant de la caféine) et le thé:*
  pourquoi avoir recours à des excitants? Vous

ressentirez plus de fatigue après les avoir consommés. Buvez de la «bonne eau» (8 verres par jour) et des tisanes aux propriétés curatives (purifiante, tonifiante, calmante, etc.).

- *Supprimer le tabagisme:*
  écrasez définitivement! C'est maintenant ou jamais! La cigarette n'est pas bonne du tout pour la circulation; elle favorise le cancer et le vieillissement de votre organisme. Bref, la cigarette met un écran (de fumée) entre la santé, vous-même et les autres.

## CHANGEMENT DE PROGRAMME ...
## POUR VOUS AIDER À ARRÊTER DE FUMER

Il existe une approche naturiste qui peut vous aider à supprimer la cigarette. La désintoxication, l'apport de suppléments, le recours aux tisanes anti-stress, une approche alimentaire saine et un équilibre émotionnel sont quelques-uns des éléments dont il est question. Je vous réfère à l'ouvrage *Mon guide de santé naturelle*, page 539. Vous y trouverez des éléments de solution EFFICACES.

Pour une valeur ajoutée à votre bien-être:

- *Des activités physiques régulières:*
  je ne le répéterai jamais assez. Au moins 30 minutes par jour. Durant la ménopause, vous bénéficierez encore plus des bienfaits de l'exercice, physiquement et mentalement!

- *Des bains de sudation:*
  le sauna est efficace pour contrer les bouffées de chaleur. Si possible, prendre un sauna trois fois par semaine, ou encore un bain chaud si vous n'avez pas accès à un sauna.

- *Recherche d'harmonie:*
  il faut cultiver l'harmonie (gens, décor, musique, choix de couleurs lumineuses ou tendres sur soi et chez soi, etc.) pour contrer l'impatience, le dégoût de la vie, les crises de larmes ainsi que le vague à l'âme.

- *Vie sexuelle active:*
  maintenir une bonne fréquence de rapports sexuels stimule la féminité, préserve la jeunesse et apporte détente, estime de soi et satisfaction.

- *Grand air:*
  une bonne oxygénation améliore la santé; des exercices de relaxation et de gymnastique en

plein air l'été et la marche en toutes saisons feront des merveilles pour votre forme.

## SUPPLÉMENTS

- *Fer végétal:*
  certaines femmes souffrent d'un manque de fer plus aigu en préménopause et en ménopause. Elles affichent une grande fatigue et font parfois de l'anémie. Ne négligez pas d'y voir, car vous traînerez de la patte et aurez le moral dans les talons! Rappelez-vous, le fer végétal ne constipe pas! Voici quelques aliments riches en fer: persil, lentilles, œuf, pois chiches, noisettes, amandes, épinard, farine complète.

- *Vitamine E et isoflavones:*
  utiles pour contrer les bouffées de chaleur et éviter l'oxydation des LDL.

- *Aloès:*
  améliore la digestion, prévient l'acidité, nettoie le foie, vide la vésicule biliaire et stimule les contractions péristaltiques de l'intestin grêle et du côlon.

- *Vitamines du groupe B*:
  excellentes pour contrer la nervosité et l'irritabilité (plus apparentes chez certaines femmes). La

$B_3$ facilite le sommeil et la $B_{12}$ régularise la mélatonine.

- *Acide folique*:
  fait partie du groupe des vitamines B; augmente la qualité du sommeil.

- *Mélange de ginkgo biloba et ginseng:*
  pour aider la circulation, contrer les troubles de mémoire et pallier les pertes d'énergie.

- *Bore, manganèse, silicium, magnésium:*
  pour contrer l'ostéoporose.

- *Mélange d'huile d'onagre, de bourrache, de sauge et de rose musquée:*
  pour atténuer les bouffées de chaleur et favoriser la santé des glandes.

- *Igname sauvage:*
  pour réduire les bouffées de chaleur, les sautes d'humeur et la sécheresse vaginale (*Sauge Femina* de JMB Le Naturiste).

- *Lithothamme et dolomite:*
  pour contrer l'ostéoporose.

- *Algues marines*:
  riches en minéraux; pour contribuer à équilibrer le système endocrinien (déconseillées aux hyperthyroïdiennes).

- *Isoflavones (extrait du soya)*:
  pour contrer les bouffées de chaleur et contribuer à prévenir le cancer du sein et de l'utérus. Pourquoi ne pas partager ce supplément avec l'homme de votre vie, il aura moins de problèmes de prostate!

Il vous faudra faire un choix parmi tous ces suppléments. Ils sont tous excellents. Renseignez-vous auprès d'une bonne conseillère en produits naturels. Elle pourra vous aider à y voir clair et vous expliquera les bienfaits de chaque ingrédient.

Vous verrez ce qui peut vous convenir. Et c'est souvent en appliquant quelques suggestions, au fil des mois, qu'on trouve ce qui nous fait le plus de bien.

## POUR PRÉVENIR ET SOULAGER GRANDS ET PETITS «BOBOS» CONJUGUÉS AU FÉMININ

### L'ostéoporose

Je me surprends parfois à penser à mes os avec un grand intérêt. Ils sont quand même plus de deux cents! Ils supportent tous mes muscles, tous mes organes internes...Vous imaginez le travail!

Mais voilà qu'en vieillissant, nous devons être très vigilantes en matière d'ostéoporose, car c'est un mal qui nous guette plus particulièrement, nous les femmes; mais si, dès la puberté, nous avons à cœur la santé de nos os, nous pouvons les garder en bon état. Le mieux est de commencer tout de suite à prendre un supplément de calcium et de faire régulièrement de l'exercice physique (eh oui, encore!).

À partir de 40 ans, plusieurs femmes (certains hommes aussi) souffrent d'ostéoporose, une déminéralisation du tissu osseux.

Plusieurs manifestations:

- déformations de la colonne vertébrale avec tassement des vertèbres, donnant lieu au fameux dos rond, à la bosse de bison ou à une scoliose (dos creux);
- déformations du bassin, de la hanche et des côtes;
- déformations des jambes, qui engendrent une démarche de canard.

**Fractures et factures!**

Dans nos sociétés occidentales, un homme sur six et une femme sur trois souffrent sérieusement d'ostéoporose à partir de 65 ans. Cela donne lieu à des fractures multiples et fréquentes, surtout de la hanche et du poignet. Conséquemment, la facture dans le domaine de la santé au Québec s'alourdit de plus de 300 millions de dollars. Plusieurs femmes de plus de 70 ans souffrent de fractures de l'avant-bras, des corps vertébraux ou de la hanche. Vous vous rendez compte, être immobilisé par une fracture, avec tout ce que cela suppose de souffrance et de dépendance! En 1999, l'ostéoporose a occasionné un million sept cent mille fractures du col du fémur dans le monde, et on en comptabilisera six millions trois cent mille en 2050.

Surtout, ne paniquons pas! Et agissons: il faut reminéraliser l'organisme.

CONSEILS POUR CELLES QUI SOUFFRENT D'OSTÉOPOROSE OU QUI, SE SACHANT VULNÉRABLES, VEULENT LA PRÉVENIR:

## À FAIRE:

- Prendre une formule contentant du calcium, du magnésium, du phosphore, de la poudre d'os, de la dolomite, de la prêle et de la luzerne.
- Prendre régulièrement du soleil pour que le calcium s'absorbe bien. Pendant 15 minutes deux fois par semaine, ou 10 minutes de lampe solaire sur une base hebdomadaire.
- Faire des exercices qui sollicitent des tensions osseuses: la marche rapide est l'exercice par excellence; *chaque semaine*, une séance complète de poids et haltères, selon les capacités, et 20 minutes à moyenne intensité d'un exercice (à votre choix) qui augmente la circulation sanguine.

## À NE PAS FAIRE:

- Préférablement bannir ou diminuer à une fois par semaine la consommation de viande rouge (parce que très acidifiant).
- Préférablement bannir ou diminuer le café, le thé, les boissons gazeuses, l'alcool, le chocolat et même le sucre en général (parce que très acidifiant et déminéralisant).
- Préférablement bannir ou diminuer les autres aliments acidifiants, dont les farines blanches, les pâtes blanchies, les fruits acides, les sucreries, les aliments très gras, la friture, les condiments, les blancs d'œufs, les haricots secs, les lentilles et les noix (sauf les amandes).

Une équipe de l'Université de Berne en Suisse a montré que les *oignons*, la *laitue*, le *persil*, le *fenouil* et l'*ail* inhibent la perte osseuse chez le rat. La consommation quotidienne d'un gramme d'oignon déshydraté accroît le contenu osseux de 17,7 %.

## La cellulite

Huit femmes sur dix en sont victimes. Cela ressemble à de la peau d'orange. La cellulite se loge habituellement sur les cuisses, les fesses et même les bras. C'est en quelque sorte une auto-inflammation cellulaire, plus précisément une accumulation d'eau et de déchets dans les tissus conjonctifs. Le mode de vie en est la principale cause.

Ne cherchez pas de cures miracles, elles n'existent pas. La cellulite est due en grande partie à l'intoxication, une circulation déficiente et une mauvaise élimination.

## La solution est dans l'assiette

Le traitement commence en effet dans l'assiette. Vous devez absolument éviter le sel et les aliments transformés (gras, sucres), puis consommer des aliments dépuratifs (poireaux, asperges) et riches en fibres (pour favoriser l'élimination). Il faut aussi boire beaucoup d'eau et des tisanes dépuratives (busserole, persil). Il est important de *nettoyer votre foie* périodiquement, tous les trois mois par exemple (voir Étape 3 – Désintoxication, un bien essentiel). Vous pouvez aussi utiliser des formules à base de reine-des-prés, bouleau, vinaigre de cidre de pomme et thé vert.

L'exercice et la détente doivent faire partie de votre quotidien. Et pourquoi ne pas vous faire offrir des massages de type drainage lymphatique en cadeau?

- Massez vigoureusement les parties affectées de cellulite avec un gant de toilette ou un gant de cellulose imprégné de savon aux algues. Dix minutes par jour aideront grandement!
- Appliquez, au sortir du bain ou de la douche, après votre massage, un gel aux algues pour faire fondre les excès adipeux.

### Un plus!

La chlorophylle liquide (extraite de la luzerne) est une source de minéraux et d'oligo-éléments qui reminéralisera et rendra plus alcalin votre organisme. Elle améliorera l'apparence de votre épiderme.

## Les varices

Les problèmes de varices, bien que présents chez les hommes, sont plus fréquents chez les femmes. Plusieurs femmes ont des veines dilatées qu'elles doivent faire soigner régulièrement. Pour prévenir et soulager:

- Massez vos jambes sans exercer de pression, de bas en haut, avec une huile d'amande douce (ou de pépin de raisin) enrichie de géranium, de thé des bois, de térébenthine, de camphre, de thym rouge et de cannelle.
- Portez des bas de contention, surtout si vous tra-

vaillez debout comme serveuse, coiffeuse ou médecin.

- Portez des chaussures confortables, pas trop exigeantes pour votre dos et vos jambes.
- Faites des exercices spécifiques à moyenne ou haute intensité aérobique pour activer la circulation des jambes (trois séances de 20 à 30 minutes par semaine).
- Surveillez votre poids, car un surplus peut exercer une pression sur les veines, les incitant à augmenter de volume.
- Prenez des suppléments de thé vert, de gingko biloba et de ginseng.
- Prenez des tisanes à action diurétique, c'est-à-dire qui augmentent l'élimination d'eau par les tissus.
- Reposez vos jambes durant la journée; faites des rotations des chevilles et surélevez-les pendant au moins 20 minutes.

## La constipation

La constipation est, si j'en crois les confidences de plusieurs femmes, l'un des maux les plus répandus, et cela tout particulièrement pendant la grossesse, ou encore après 40 ans.

La constipation étant souvent due à une insuffisance de sécrétion biliaire, il est important de bien nettoyer son foie régulièrement (voir Étape 3 – Désintoxication, un bien essentiel) et de faire en sorte de stimuler la production de sécrétion biliaire par la consommation régulière d'un tonique à base de boldo, d'artichaut et de pissenlit.

À celles qui souffrent de *constipation sur une base régulière*, voici ce que je vous suggère:

- Faites une *cure de 30 jours* d'*Intestolib* de JMB Le Naturiste, qui contient six ingrédients actifs, dont le psyllium, l'artichaut, le séné, la cascara sagrada, le pissenlit et le radis noir. Cette formule contribue à nettoyer les intestins, stimule la production de bile par le foie et diminue les gaz, ballonnements et flatulences.
- Mastiquez *lentement:* on dit de mastiquer une bouchée 30 fois. Au début, cela vous semblera ardu, mais les bienfaits que vous en retirerez sur les plans de la digestion et de l'élimination vous aideront à persévérer. Faites-en l'effort, cela vaut le coup!
- Mangez des *aliments entiers*: pâtes, pains et autres.
- Consommez beaucoup de *fruits* et de *légumes frais*: ils vous apporteront plusieurs vitamines, minéraux et fibres et vous aideront à être plus régulière.
- Faites de l'exercice chaque jour: voilà encore une raison de plus. Décidément, vous ne pouvez y échapper! Assurez-vous d'avoir dans votre routine quotidienne une série d'*exercices pour abdominaux*. Après 21 jours, vous verrez et sentirez la différence.

- Mangez plus de *fibres*: les fibres (graines et huile de lin, son de blé, pruneaux, biscuits riches en fibres) facilitent le transit intestinal.
- Buvez beaucoup d'*eau*: c'est d'une aide formidable pour favoriser une meilleure élimination. À l'occasion, prenez une *tisane laxative*.
- Prenez, 15 jours par mois, une demi-heure avant le repas du soir, 2 cuillères à thé de psyllium (en cosses) dans de l'eau chaude. Laissez infuser 15 minutes. Ajoutez à vos aliments du son de blé (en céréales ou intégré à vos salades).

À celles qui souffrent de *constipation occasionnelle*, je conseille de prendre une tisane laxative, un mélange de malva et de séné (attention, cette plante provoque rapidement et fortement l'élimination), ou une tisane de cascara sagrada.

## Massage du ventre

Le soir venu, vous pouvez, pour vous détendre et décongestionner votre foie:

Appliquez une bouillotte d'eau chaude sur votre ventre pendant 15 minutes. Profitez-en pour lire ou vous faire un masque de beauté.

Vous faire un massage du ventre avec de l'huile d'amande douce, d'abord dans le sens des aiguilles d'une montre puis dans l'autre sens.

## L'anémie

Combien de femmes souffrent d'anémie à un moment ou à un autre de leur vie? Plusieurs d'entre nous. Mais ce mal est insidieux et certaines en souffrent à leur insu. Je vous propose quelque chose de simple et de très naturel qui fonctionne merveilleusement bien.

À PRENDRE: deux cuillères à soupe de mélasse de Barbades, le matin dans de l'eau tiède et en supplément pour l'énergie.

Encore une fois, la simplicité fait ses preuves. Certaines, surtout celles qui perdent beaucoup de sang lorsqu'elles sont menstruées, manqueront peut-être de fer. Comme le fer est nécessaire à la formation des globules rouges (pour le transport de l'oxygène dans le sang), une carence de cet élément est grave.

En voici quelques symptômes:

- fatigue chronique;
- maux de tête;
- essoufflement à l'effort;
- teint pâle;
- palpitations cardiaques;
- une certaine frilosité;
- ongles très fragiles;
- problèmes de concentration.

Si vous prenez des hormones, vous réduisez l'absorption du fer par votre organisme. Il est alors bon de prendre un:

- supplément de fer végétal;
- complexe de vitamines B, incluant la $B_{12}$ (acide folique).

Le fer ne peut être pris en même temps que l'alcool, le thé noir ou les produits laitiers. Il sera alors sans effet.

## Troubles de la glande thyroïde

La glande thyroïde peut présenter certaines défaillances chez la femme à partir de l'âge de 30 ans, et encore plus vers la préménopause et la ménopause. C'est en effet cinq à sept fois plus fréquent chez les femmes que chez les hommes, selon la Fondation canadienne de la thyroïde. À 70 ans, presque 20 % des femmes ont une maladie de la thyroïde (petite glande en forme de papillon collée sur la trachée à la base du cou). Une personne sur 20 au Canada est victime d'un dérèglement. Et quand cette glande se dérègle, c'est la valse des manifestations et passablement de choses passent à tabac: rythme cardiaque, système digestif, humeur, peau, muscles, poids et même... vie sexuelle. Les hormones que sécrète la glande thyroïde sont essentielles à la vie et ont de nombreux effets sur le métabolisme, la croissance et le développement d'une personne.

Quand la thyroïde déprime (hypothyroïdie), le métabolisme ralentit. La personne qui en est affectée éprouve une grande fatigue, un peu de dépression et de la difficulté à se concentrer; elle peut aussi prendre du poids. Ce mal est souvent héréditaire mais pas toujours. Il est difficile à dépister.

Dans le cas où c'est une hyperactivité de la glande (hyper-thyroïdie), on maigrit exagérément, on est hypernerveuse, on transpire, on tremble; les yeux deviennent exorbités et on souffre de troubles de vision. Comme une hyperthyroïdie accélère le rythme cardiaque, elle peut devenir dangereuse. Si vous soupçonnez un problème, demandez de l'aide à votre praticien en santé. Vous n'avez rien à perdre à faire une visite sur le site Internet (www.thyroid.ca), ou encore à consulter un naturopathe compétent, recommandé par le Collège des naturopathes du Québec.

## La dépression

Une femme court deux fois plus de risques qu'un homme de subir une dépression. Pour une femme sur dix, ce sera une dépression grave. Il faut savoir distinguer les moments de cafard et de tristesse (j'en ai aussi!) d'un état persistant marqué par des sentiments d'impuissance, de culpabilité et de dévalorisation.

Deux priorités doivent être mises au programme:

1 *Apprendre à bien gérer son stress.*
   Outre les exercices de relaxation et de respiration, le rire, l'étirement, le bâillement, l'écoute d'une musique agréable, un bon bain et le massage du plexus avec des huiles essentielles qui nous conviennent, il y a d'autres trucs:

   • garder son bureau et sa maison en ordre;
   • dire adieu au perfectionnisme;

- avoir une bonne planification;
- ne pas laisser trop de travaux en suspens (à la maison comme au travail);
- prendre des vacances régulièrement.

2 *Répondre adéquatement à ses besoins.*
La femme est, comme on le sait, portée à faire plaisir aux autres. Elle ne doit pas perdre cette qualité d'attention à l'autre, mais elle doit également apprendre à s'écouter, à se donner ce dont elle a besoin et, pour cela, apprendre à dire non quelquefois.

- *Cultiver les plaisirs simples.*
Chercher chaque jour à se faire plaisir et à mériter de petites victoires. Par exemple, j'ai fait 30 minutes de marche rapide aujourd'hui; j'ai été attentive à ce que je voyais et, lorsqu'une pensée négative voulait surgir, j'ai pratiqué la technique du Stop (voir Étape 5 – Gym mentale).

## SUPPLÉMENTS

- Millepertuis
- Vitamines du complexe B
- Chlorure de magnésium

## La fatigue…

La fatigue, une sorte de fatigue chronique, fait souvent partie intégrante de la vie des femmes, qui consultent d'ailleurs souvent pour ce motif. Cette fatigue peut être physique, mais aussi psychologique. Le praticien de santé (médecin, naturopathe) devrait explorer le nombre et l'intensité des facteurs stressants et essayer, une fois ce territoire bien fouillé, d'aider la personne à trouver les moyens pour corriger la situation.

## ⁂ Qualité de vie

- *Est-ce que je m'accorde du temps libre et comment est-ce que je l'occupe?*

  _____

  _____

- *Est-ce que je pratique des activités physiques?*

  _____

- *Lesquelles?*

  _____

  _____

- *Est-ce que je contrôle bien mon alimentation (qualité/quantité)?*

  _____

  _____

- *Mon sommeil est-il adéquat (qualité/quantité)?*

  _____

  _____

- *Est-ce que je maîtrise bien ma consommation de café, de tabac et d'alcool?*

  _____

## Vie affective

- *Ma relation avec mon compagnon de vie est-elle de qualité suffisante, est-ce que je passe assez de temps avec lui?*

  _____

  _____

Pour être en super forme

- *Comment se porte ma stabilité affective (enfants, amis, compagnon de vie)?*

  _____

  _____

- *Comment se porte ma relation avec ma bonne amie, ma confidente?*

  _____

- *Est-ce que j'entretiens bien mon réseau d'amitié?*

  _____

## Famille

- *Le partage des responsabilités pour l'entretien de la maison est-il équitable pour moi?*

  _____

- *Le partage des responsabilités pour l'éducation des enfants est-il équitable pour moi?*

  _____

## Travail

- *Mon travail (nature même du travail, rémunération) me donne-t-il un degré suffisant de satisfaction?*

  _____

  _____

- *Mes relations au travail sont-elles harmonieuses et épanouies?*

  _____

## UNE SEXUALITÉ ÉPANOUIE

La sexualité est source de plaisir et d'équilibre. Saviez-vous que le désir sexuel se manifeste plus fortement chez la femme au moment de l'ovulation? C'est à cause du taux élevé de testostérone (oui, oui, chez les femmes aussi!).

On n'admet plus aujourd'hui que la sexualité soit inexistante au-delà de 50 ans. La sexualité se modifie, il est vrai, mais elle toujours présente et très bénéfique pour la santé. L'organisme produit des endorphines lors de l'activité sexuelle, tout comme elle en produit lors d'activités physiques. La quantité d'endorphines augmente après l'activité sexuelle et crée une sorte d'euphorie. Rappelez-vous que l'*estime de soi est un puissant aphrodisiaque.*

## Bénéfices de l'activité sexuelle

- Faire l'amour une fois par semaine garde à la femme un taux d'œstrogènes plus élevé. Cela régularise aussi le système cardiovasculaire, rend la peau plus souple et maintient une certaine jeunesse.
- Cela régularise le cycle menstruel.
- Les femmes ménopausées qui ont des orgasmes régulièrement courent moins de risques d'infections vaginales ou urinaires.
- Celles qui souffrent de migraines sont soulagées pendant l'acte sexuel.
- Les femmes qui font de l'arthrite ont moins de douleur après l'orgasme.
- Faire l'amour augmente le tonus musculaire.
- Cela réduit le stress, favorisant ainsi une plus grande efficacité du système immunitaire.
- Les couples sexuellement satisfaits sont plus épanouis dans leur travail, leur famille et leur relation amoureuse.
- Les personnes qui ont une activité sexuelle régulière et satisfaisante sont portées à être moins hostiles et moins anxieuses.
- C'est un excellent moyen de lutter contre l'insomnie!

## SUPPLÉMENTS

- Un tonique énergétique à base de ginseng et de plantes stimulantes.

Nous allons maintenant entamer la dernière étape pour découvrir comment entretenir sa beauté au fil des jours. Tout un programme…

## Étape 8
# Entretenir sa beauté, beaucoup plus qu'une simple question d'image

*«Le stress et l'anxiété
sont les ennemis d'une belle peau.
La relaxation, le sommeil et les antioxydants
aident la peau à paraître plus jeune.»*

M.-J. L.

*«Il y a des fleurs partout
pour qui veut bien les voir.»*

Inconnu

### Le reflet de soi-même

Le bonheur est gage de beauté; le malheur, on n'a pas de peine à le croire, entraîne laideur, souffrance et maladie. Mais ce qu'il y a de formidable, c'est que le bonheur est accessible à tous. Il suffit de modifier sa façon de regarder la vie. Comme le soulignait William Arthur Ward: «Quand nous essayons de découvrir le meilleur dans les autres, nous découvrons le meilleur dans nous-mêmes.» Il y a des gens qui recherchent toujours la petite bête noire, alors que d'autres savent s'émerveiller devant les belles choses de la vie. À vous de choisir votre clan; j'ai choisi le mien!

La beauté, c'est la recherche de l'harmonie et de la forme, en écho avec la beauté intérieure de l'être. Prendre soin d'une fleur, d'un enfant, d'une personne âgée, c'est lui dire qu'on l'aime. Prendre soin de soi, c'est s'accorder de la valeur, s'estimer et se témoigner de l'amour et du respect.

### Ce n'est plus pareil aujourd'hui!

J'ai toujours été coquette. J'aime être fière de moi, sans orgueil superflu, sans excès, du moins je le crois. Lorsque j'étais jeune, mon père trouvait que j'exagérais: «Arrête de te regarder dans le miroir, le diable va t'apparaître.» Il est pourtant normal, quand on est adolescente, de se regarder pour découvrir qui on est.

Dans ces temps-là, on accordait moins d'importance à son apparence. Aujourd'hui, je crois qu'on est tombé dans le travers inverse. La multiplication des produits de beauté, la publicité exagérée ciblant les adolescents pour leur faire prendre des habitudes de consommation tout azimut, les jeunes filles trop aguichantes, tout cela semble démontrer qu'encore une fois l'équilibre est difficile à trouver.

Certes, il existe à notre époque plusieurs moyens de retarder au maximum l'horloge du temps. Une femme de 54 ans aujourd'hui n'a pas l'apparence d'une femme de 54 ans des années 50. Mais il faut quand même être conscient des limites de certaines techniques chirurgicales, des limites également d'une publicité illusoire qui nous assaille à longueur de journée.

## Acceptation de soi

Les adolescentes confrontées à des images inaccessibles souffrent parfois de complexes et tombent dans les désordres alimentaires. Il n'est pas facile de s'accepter. C'est l'apprentissage de toute une vie. À la ménopause comme à l'adolescence, notre corps est bousculé par des modifications hormonales et on se trouve bouleversée par les changements (ou devrais-je dire la tourmente?).

On n'y peut rien changer. Lorsqu'on vieillit, même s'il nous semble avoir moins de perspectives (opinion très contestable…), il ne faut pas pour autant baisser les bras. J'ai plusieurs amies et connaissances sympathiques qui, à mon avis, forment un mélange de deux approches.

Il y a des femmes, plus ou moins âgées, qui dépensent une petite fortune pour améliorer leur apparence (séjour dans une station thermale européenne, séries de traitements spécialisés et très coûteux pour déloger la cellulite, chirurgie plastique, etc.). C'est souvent un investissement salutaire qui donne d'excellents résultats. J'en connais plusieurs qui le font et ne le regrettent pas. Elles reviennent en grande forme et en beauté.

J'en connais aussi une majorité d'autres qui acceptent avec sérénité le fait qu'elles n'aient plus 20 ans et qui cherchent à améliorer leur apparence par des gestes simples, efficaces et qui ne coûtent pas une fortune!

Enfin, il y en a qui sont un peu l'une et beaucoup l'autre. Mais la base est accessible à tous les types de femmes:

- Adopter des principes d'hygiène et les mettre en pratique chaque jour (nettoyer, hydrater et nourrir).
- Choisir des produits naturels avec des principes actifs performants; demander des produits dermo-cosmétiques au lieu de produits cosmétiques de parure.
- Privilégier une attitude positive et cultiver un penchant pour le bonheur.
- Faire des exercices régulièrement pour améliorer sa silhouette et son tonus, sans oublier la gymnastique faciale.

## La chirurgie plastique

Je ne suis pas nécessairement pour la chirurgie plastique mais, lorsque le défaut est vraiment un obstacle au bien-être d'une personne, cela m'apparaît tout à fait recommandé. Il peut aussi arriver un accident, ou encore un défaut physique majeur qui s'accentue en vieillissant et qui empêche la personne d'être heureuse.

J'estime, par contre, que certaines actrices vont pas mal loin! Plus elles vieillissent, moins elles ont de rides, y compris les rides d'expression. Les lèvres se gonflent davantage chaque fois qu'on les voit dans un nouveau film. Cela ne les embellit pas toujours. Enfin… cela dépend des cas. Il y en a chez qui c'est beaucoup plus subtil, surtout chez les actrices françaises. La chirurgie plastique gagne en popularité, même au Québec, où on compte en effet 25 000 interventions annuellement.

## CONSEILS

En premier lieu, renseignez-vous à fond sur la sorte de chirurgie que vous envisagez: pourcentage de risques de résultats non satisfaisants, risques face à l'anesthésie (générale ou locale?), dangers de mauvaise réaction, nature des médicaments et temps de récupération. Ne vous gênez pas, posez des questions. Informez-vous et prenez votre temps pour réfléchir. Peu importe la chirurgie, c'est toujours une agression de notre organisme. Il faut en être bien consciente. Est-ce que cela en vaut la peine?

- Pour choisir, réputation et achalandage sont habituellement garants de réussite.
- Demandez des références, des témoignages auprès d'amies ou de collègues de travail.
- N'essayez pas de négocier les prix. N'oubliez pas que l'œil et la main du chirurgien se paient. Demandez cependant si le prix couvre les retouches.
- Assurez-vous un suivi pendant six mois.

### Si vous passez à l'acte…

Si vous optez pour une chirurgie esthétique, je vous conseille de vous préparer un mois à l'avance en surveillant de façon spéciale votre alimentation. Qu'elle soit la plus vivante possible, plus saine que jamais. Et n'oubliez pas: REPOS…

REPOS… ET REPOS. Il faut aussi faire du conditionnement mental positif et se VOIR améliorée. Si trop de pensées négatives vous traversent l'esprit, peut-être auront-elles tendance à se manifester dans les résultats.

## AVANT L'OPÉRATION:

- Prendre de la *vitamine C*, 2000 à 3000 mg par jour, deux à trois semaines avant l'opération, car la chirurgie affecte grandement les réserves de vitamine C dans l'organisme. Cette vitamine permet de mieux éliminer les médicaments de l'anesthésie. Choisir la vitamine C qui contient des bioflavonoïdes pour stimuler la tonification des capillaires.
- Prendre de la *vitamine K* (sur ordonnance), qui joue un rôle important dans la coagulation du sang.

## APRÈS L'OPÉRATION:

- Continuer de prendre de la *vitamine C*, 1000 mg par jour, deux à trois semaines après l'opération.

## AVANT ET APRÈS L'OPÉRATION:

- Prendre de la *vitamine A*, de 10 000 à 20 000 unités internationales chaque jour.
- Prendre du *zinc*, 20mg par jour, deux à trois semaines avant l'opération et jusqu'à la guérison

complète des tissus. Cet oligo-élément permet de renforcer le système immunitaire, ce qui contribue à prévenir les infections et à favoriser la guérison des tissus.

## CONSEIL POUR ASSURER UNE BELLE CICATRISATION

Je vous conseille de mettre sur la cicatrice le contenu d'une gélule de vitamine E; la cicatrisation se fera beaucoup plus rapidement.

## La beauté physique engendre la réussite!

On prête souvent aux personnes belles des qualités de leadership, d'intelligence et de perspicacité. Nadine Murard, du laboratoire de psychophysiologie sociale de l'Université du Québec à Montréal (UQAM), estime que c'est comme si «on voyait les belles personnes à travers un filtre rose qui dit que ce qui est beau est bon».

Sans en faire une obsession, force est d'admettre que la beauté est un atout; le fait d'être beau n'assure pas nécessairement les promotions (heureusement qu'il n'y a pas que ça qui compte!), mais la beauté:
- ouvre des portes;
- attire les premières chances;
- suscite la sympathie;
- attire l'écoute;
- suggère parfois un meilleur salaire.

De plus…

- Les gens beaux et soignés sont traités plus rapidement dans les urgences!!!
- Les serveuses jolies et souriantes reçoivent 5 % de plus de pourboires que les autres.
- Les condamnés bénéficient d'une plus grande clémence du jury lorsqu'ils sont avantagés physiquement.

Nos relations avec les autres — toutes nos communications à vrai dire — sont teintées de séduction; avoir confiance en soi, être fière de soi, savoir qu'on n'est pas désagréable à regarder sont des atouts sûrs, sans pour autant tomber dans un narcissisme complaisant.

Dans notre société, la culture de l'individualisme fait en sorte que l'on a envie de mettre quelqu'un sur un piédestal et de l'admirer (on n'a qu'à voir le culte des vedettes et des athlètes!), contrairement à d'autres cultures où les valeurs sont plus collectives et où il vaut mieux ne pas trop se démarquer.

## Améliorer sa beauté physique, c'est possible!

La beauté est certes liée à l'hérédité mais, heureusement, notre mode de vie y est pour beaucoup. Combien de personnes bien nées se sont tellement négligées (obésité, manque d'exercice, manque d'hygiène corporelle, pessimisme et j'en passe!), au point de perdre tous leurs atouts au fil des ans. Il faut au contraire redoubler d'efforts et de vigilance, surtout en vieillissant.

Nous savons que l'on peut à tout âge acquérir un teint éclatant et sculpter son corps par l'exercice, l'air pur, une bonne alimentation, des suppléments et des produits naturels de qualité. Nous savons aussi qu'en maintenant un poids santé, on est mieux dans sa peau et on dégage une certaine assurance.

## Vitamines de la beauté

Les vitamines jouent un rôle important dans le maintien d'une bonne santé et elles contribuent également à la beauté de notre personne; cela explique certainement que des grandes firmes cosmétiques européennes et américaines les incorporent dans leurs crèmes et lotions de beauté.

- *Vitamine A:*
  assure la souplesse de la peau; prévient la sécheresse de la peau et lutte contre l'apparition des rides prématurées; efficace dans le traitement de l'acné.

- *Sources:*
  huile de foie de poisson, carotte, cresson, abricot, cantaloup et légumes verts foncés.

- *Vitamine $B_2$:*
  prévient la formation des fleurs de cimetière sur la peau (taches brunes); évite les yeux larmoyants et rougis; amie des ongles et des cheveux.

- *Sources:*
  foie de veau, œuf, levure, germe de blé et miel.

- *Vitamine B$_5$:*
  donne de la souplesse et de brillance aux cheveux; renforce les ongles.

- *Sources:*
  levure, foie de veau, germe de blé, camembert et gelée royale (riche en B$_4$).

- *Vitamine D:*
  la vitamine soleil est la seule vitamine pouvant être fabriquée par notre organisme.

- *Sources*:
  saumon, sardine, œuf, maquereau, lait et foie de veau.

- *Vitamine E:*
  cette protection antioxydante oxygène l'épiderme.

- *Sources:*
  huiles de germe de blé, de soya, d'arachides, œuf, beurre, pomme, banane, laitue, pample-mousse et riz brun.

- *Vitamine F:*
  prévient l'assèchement de la peau et des glandes.

- *Sources:*

  huiles d'olive, de soya, de tournesol, de germe de blé, de graines de lin, beurre, margarine et lait.

- *Vitamine C:*

  contribue à dynamiser l'organisme; agit comme un coup de fouet sur la peau; lui confère beaucoup d'éclat.

- *Sources:*

  agrumes, chou-fleur, pomme de terre, poivron et brocoli.

## CONSEIL

Vous souffrez de couperose? je vous suggère de prendre des bioflavonoïdes (rutine, citrine, les noms changent selon les provenances), qui sont essentiels à la solidité des petits vaisseaux sanguins (capillaires). On les retrouve dans l'orange, l'abricot, l'amande, la cerise, la laitue et la poire.

## Les huiles essentielles et la beauté

J'ai constaté au fil des ans que l'aromathérapie et l'usage des huiles essentielles gagnent beaucoup en popularité. En Europe, le savoir et le savoir-faire sont bien établis et, depuis longtemps, les huiles jouissent d'une grande ferveur pour des traitements esthétiques, psychologiques et physiques. En effet, les huiles essentielles agissent à ces trois niveaux.

J'ai remarqué que les huiles essentielles les plus populaires sont la lavande (calmante), l'eucalyptus (voies respiratoires), la citronnelle (chasse-moustiques par excellence) et le pamplemousse. J'utilise cette dernière sous forme d'extrait concentré comme désinfectant dans le lave-vaisselle et aussi pour me faire tremper les pieds (10 gouttes); conjuguée avec du vinaigre de cidre de pommes (2 cuillères à thé), cela fait des merveilles comme antifongicide et antiseptique.

Laissez-moi m'inspirer du livre de Danielle Huard, *L'aromathérapie au service de la beauté, Les huiles essentielles* (son deuxième livre après *Les huiles essentielles, L'aromathérapie*) pour vous communiquer quelques informations vous incitant à en faire usage plus souvent.

1   Pour réduire la cellulite, ajoutez à l'eau de votre bain, ¼ de tasse de sel, 4 gouttes d'huile de citron, 4 gouttes d'huile de cyprès et 4 gouttes d'huile de cèdre.

2   Pour *tonifier et lisser les peaux matures*, faites-vous un *masque* en le préparant comme suit:

- •   1 cuillère à thé d'huile d'olive;
- •   1 cuillère à thé de miel;
- •   1 cuillère à thé de jus de citron;
- •   1 jaune d'œuf.

Rincer le visage à l'eau tiède et appliquer cette formule sur l'épiderme. Laisser pénétrer de 15 à 20 minutes, puis retirer avec un linge humide.

3  Pour soulager les varices, faites-vous un massage des jambes une fois par jour avec la formule suivante:

- 2 cuillères à soupe d'huile végétale (huile d'amande douce);
- 4 gouttes d'huile de genièvre;
- 4 gouttes d'huile de cyprès;
- 3 gouttes d'huile de citron;
- 3 gouttes d'huile de romarin.

4  Au service de la peau, les huiles essentielles pour:

- HYDRATER:
  orange sucrée, mandarine, rose;

- NOURRIR:
  menthe poivrée, basilic, niaouli;

- REVITALISER:
  lavande, néroli, romarin, petit-grain;

- DIMINUER LA COUPEROSE:
  lavande, persil, romarin.

Ce qui m'amène à vous parler de la peau, cet organe qui nous couvre le corps. Et qui donne lieu à l'expression «bien dans sa peau», ce qui n'est pas rien.

## Belle peau: faut ce qu'il faut!

*«La peau est la première ligne de défense de l'organisme. Elle protège contre les agents indésirables du monde extérieur.»*

M.-J. L.

La beauté de la peau est d'abord et avant tout reliée à une question de santé. Il est difficile d'avoir une belle peau quand de nombreuses carences se manifestent dans l'organisme.

### Vous avez la peau sèche?

Vous souffrez probablement d'une carence en acides gras essentiels. Vous avez sans doute besoin d'un apport supplémentaire d'acides gras de type oméga 3, contenus dans le poisson gras et l'huile de graine de lin (ajoutez-en dans les biscuits, le pain, la pâte à crêpes ou dans un breuvage à base de fromage cottage et d'eau). C'est dans l'alimentation et dans les suppléments que l'on trouve ce type d'acides gras; l'organisme ne les fabrique pas.

### La chasse aux radicaux libres!

Les radicaux libres sont des parasites biologiques. Lorsque les cellules utilisent de l'oxygène, il y a formation de radicaux libres. En temps normal, l'organisme est capable de faire face à la situation et de neutraliser les radicaux libres, par l'entremise des antioxydants. Les radicaux libres sont des molécules instables qui attaquent le collagène et l'élastine de la peau pour trouver ce qu'il leur manque. Lorsqu'il y a attaque massive, il y a vieillissement prématuré. Les antioxydants mènent une lutte acharnée contre les radicaux libres. Le stress, la fumée du tabac, la malnutrition, l'air pollué et certains médicaments accentuent la production de radicaux libres dans l'organisme. Je me suis intéressée à tout cela car, dans les années 70, j'ai lancé une gamme de produits à base de vitamine E, qui est un précieux antioxydant, tout comme la vitamine C, la vitamine A et le sélénium.

## De puissants antioxydants!

Les extraits de pépins de raisin rouge ont été pour moi une découverte sans pareille. Voilà pourquoi j'ai décidé de créer une ligne de produits de soins incluant des pépins de raisin: Les produits *Marie-Josée*. Ce sont des antioxydants naturels qui aident à neutraliser les radicaux libres. Ils fortifient et même régénèrent les tissus, tout en maintenant les réserves en collagène et en élastine (qui ont tendance à diminuer avec l'âge).

En France, dans certaines régions vinicoles, on croit dur comme fer aux vertus des pépins de raisin. Au point d'y avoir installé le premier centre de vinothérapie du monde, les Sources de Caudalie, qui propose des soins revitalisants et anti-âge. Les massages à l'huile de pépins de raisin sont connus; mais le sérum de polyphénols, les micro-injections d'extraits de raisins et de vitamines, attention…

Les pépins de raisin contiennent des bioflavonoïdes, un complexe connu sous l'abréviation OPC; ils sont 20 fois plus puissants que la vitamine C et 50 fois plus puissants que la vitamine E. Ce n'est pas pour rien que, pour contrer le vieillissement de la peau, de grandes compagnies de cosmétiques, entre autres Biotherm et Christian Dior, utilisent ces puissants agents dans la composition de leurs crèmes de soins pour le visage et le corps.

Ma gamme de produits *Marie-Josée* contient des vitamines, des huiles et des éléments actifs qui laissent la peau souple et tonifiée; en un mot, rajeunie. Il faut pouvoir contrer efficacement la pollution, la déshydratation et les radicaux libres. Ma gamme, offerte à prix doux, est efficace et comporte six références; j'utilise évidemment mes crèmes de soins et elles constituent ma routine beauté quotidienne. D'autant plus qu'ils renforcent, grâce aux pépins de raisin, les mécanismes de défense contre les agents nocifs du soleil, avant et pendant l'exposition.

1   *Démaquillant Nettoyant pour visage
    et yeux 3 dans 1:*
    le geste de nettoyer est primordial, plus que jamais aujourd'hui parce que la plupart d'entre nous vivons en ville, lieu de pollution par excellence. Il est donc impératif de bien nettoyer la peau et de purifier l'épiderme afin de conserver son éclat et sa beauté. Chaque soir, quel que soit le contexte (en voyage d'affaires ou à la suite d'un repas qui se termine à deux heures du

matin), il importe de faire un bon nettoyage afin de retirer toutes les impuretés du visage. Sous forme de gel, ce démaquillant contient de l'extrait de quillaja (arbre d'origine péruvienne) qui permet un nettoyage tout en douceur, et de l'extrait de concombre qui éclaircit la peau et la rafraîchit. Le concombre est un agent purificateur qui dissout les impuretés et laisse une peau nette; le beurre de karité et l'huile de pépin de perle des prés la laisseront souple et lui redonneront son élasticité.

2  *Crème de nuit:*

sur ma peau propre, j'applique ensuite une crème onctueuse qui me fournit les éléments essentiels pour l'hydrater et la protéger toute la nuit durant. Je l'applique en remontant (de bas en haut) et en faisant des rotations vers l'extérieur (effet de massage) pour activer la circulation. Ma formule comprend de l'élastine qui aide à prévenir les signes du vieillissement, un complexe d'extraits botaniques qui revitalise la peau, des liposomes (vitamines A, E, C) qui hydratent et protègent des radicaux libres, et du beurre de karité. Vous remarquerez que j'utilise beaucoup le beurre de karité (extrait des noix d'un arbre originaire d'Afrique de l'Ouest), car je crois à ses vertus régénératrices et réparatrices puisqu'il contient naturellement des vitamines A, E et D ainsi que de l'allantoine. La crème de nuit contient également de l'huile d'émeu qui pénètre en profondeur.

3   *Crème de jour:*
   chaque matin, que je me maquille ou non, j'applique sur mon visage cette crème onctueuse à base d'élastine, de vitamine E, d'escadol, un élément qui protège la peau contre les méfaits du soleil, et d'huile d'abricot pour revitaliser et redonner souplesse à mon visage. L'abricotier est un arbre cultivé en Chine depuis 5000 ans. Son huile est un véritable aliment de beauté pour l'épiderme. Elle redonne tonus et éclat aux peaux fatiguées.

4   *Air de jeunesse:*
   cette crème est une formule qui diminue les effets de l'enzyme responsable de la diminution du collagène; elle contient le Complexe MDI, bien connu en cosmétologie, qui accroît l'élasticité et la fermeté de la peau, réduit les dommages causés par l'exposition au soleil et aide à réduire l'apparence des cernes autour de l'œil. Cette crème contient également de la vitamine A qui prévient les signes du vieillissement, ainsi que de l'huile d'émeu et du beurre de karité pour assurer à la peau souplesse et jeunesse. Ce n'est que récemment que l'on a découvert les propriétés de l'huile

d'émeu: elle pénètre bien la peau et lui fournit des acides gras essentiels à de nombreuses fonctions vitales, telles que la production de plusieurs hormones. De plus, elle est cicatrisante.

5   *Masque Éclat de Jeunesse:*
je me fais un masque de beauté trois fois par semaine, en prenant mon bain, les pores de la peau étant à ce moment-là ouverts. Ce masque, aussi à base de pépins de raisin, contient une formule de source marine composée entre autres de chitosan (principal composant de la carapace des crustacés); ce film protecteur et tenseur a la propriété de fixer les autres principes actifs de la peau. La formule est composée d'un complexe de AHA (acides de fruits possédant une action exfoliante en douceur) qui aide à déloger les cellules mortes, à prévenir les signes de vieillissement et à donner de l'éclat à la peau. Le masque est donc pour moi un moment de relaxation totale tout à fait exquis, formidable pour la peau et le moral!

6   *Lait hydratant 2 dans 1 pour les mains et le corps:*
chaque soir après mon bain, ou le matin après ma douche, j'applique un lait hydratant sur ma peau pour lui conserver souplesse et beauté. Le beurre de karité, l'huile de pépin de perle des prés (un hydratant sans pareil, actif sur tous les

types de peau), un complexe botanique, la vitamine E, sans oublier la bonne vieille glycérine, un ingrédient simple mais qui a fait ses preuves, voilà de quoi donner à la peau une douceur satinée. J'ai en ai toujours un tube dans mon attaché-case pour me masser les mains après les avoir lavées. C'est un important moment pour me relaxer et prendre un peu de temps pour moi au cours de la journée.

## OPC en supplément

Je conseille également de l'extrait de pépins de raisin en supplément, puisqu'on obtient peu d'OPC dans notre nourriture; en effet, les OPC se trouvent dans des fruits saisonniers que nous ne mangeons pas régulièrement: raisins, bleuets, cerises et prunes. C'est toutefois dans les raisins que nous en retrouvons en plus grande quantité. Augmentez votre consommation de raisins (surtout rouges), tout en prenant de l'extrait de pépins de raisin en supplément. Plus nous vieillissons, plus nous devons fournir à l'organisme les bioflavonoïdes qui lui manquent. L'OPC est un excellent supplément pour la peau et la circulation, qui combat également la perte d'acuité visuelle, le durcissement des artères et la cellulite.

## Soins pour les cheveux

J'ai opté depuis quelques années pour une coupe courte et facile d'entretien. La chevelure est une belle parure pour la femme. Encore faut-il choisir une coiffure qui va avec son style de vie, son visage et son budget. J'aime la simplicité et c'est ce que j'ai choisi. Les cheveux, courts et *a fortiori* longs, doivent toujours être propres et bien entretenus.

Voici 10 conseils pour avoir une belle chevelure:

- BROSSAGE:
  il n'est pas nécessaire de se donner 100 coups de brosse, comme on nous le disait à une certaine époque. Brossez-les doucement mais régulièrement.

- MODÉRATION DANS L'USAGE DES PRODUITS:
  n'utilisez pas trop de produits sur vos cheveux et choisissez les colorations les plus naturelles possibles, sans ammoniaque.

- MÉFAITS DU SÉCHOIR:
  méfiez-vous du séchoir, sa chaleur souvent excessive abîme les cheveux et le cuir chevelu. Je l'utilise très peu. Je fais sécher mes cheveux à l'air libre mais, pour les placer, c'est plus facile avec un petit coup de chaleur! Si vos cheveux sont fragilisés, utilisez un shampooing naturel à base de vitamine E ou à base d'aloès.

- LAVAGE:

    procédez à un lavage quotidien si votre milieu est trop pollué ou, encore, si vos cheveux sont vraiment gras. Dans tous les cas (lavages fréquents ou tous les cinq jours comme moi), utilisez des produits naturels et doux. Il est important de choisir des produits selon votre type de cheveux: normaux, gras, secs et cassants. Si vous avez des pellicules, vous devrez alors choisir un shampooing spécialisé. Utilisez un shampooing naturel à base d'argile.

- RINÇAGE:

    cette opération est très importante. Il faut rincer ses cheveux abondamment et à l'eau plutôt fraîche. Pour ma part, j'ajoute un peu de vinaigre de cidre de pommes dans l'eau du rinçage pour les faire briller davantage.

- DÉMÊLAGE:

    je me démêle les cheveux avec un peigne aux dents larges. La brosse est moins efficace.

- PERTE DE CHEVEUX:

    la chevelure des femmes est composée de plusieurs dizaines de milliers de cheveux. Chacun de ces cheveux a une durée de vie qui oscille entre six mois et deux ans. On perd près de 200 cheveux par jour et c'est normal. À l'automne, on en perd plus! Si vous estimez que vous en perdez trop, prenez un supplément composé de prêle, de bambou, de vitamine $B_6$ et de cystine afin de corriger la situation. Une certaine acidification du corps peut être la cause d'une perte trop abondante: faites un bon nettoyage de foie. Mangez santé, dormez bien et, surtout, gérez votre stress! Utilisez un shampooing naturel à base d'argile.

- MASSAGE:
  un bon massage du cuir chevelu procure une belle détente. Il active également la circulation et la pousse des cheveux.

- COUPE:
  même longs, il importe de couper ses cheveux toutes les six semaines. On évite le problème des bouts fourchus et on garde sa chevelure en santé.

- EN CAS DE NATATION EN PISCINE:
  si vous allez à la piscine (la natation est un excellent exercice), faites un rinçage avec de l'eau citronnée pour contrer les effets du chlore.


## Soins pour les ongles

Les ongles sont le miroir de la santé d'un individu. Ils sont le prolongement de la peau, une sorte d'extension. On y retrouve une grande quantité de kératine; celle-ci est composée de protéines et de minéraux, dont le calcium, le zinc et le fer. Vous avez sans doute remarqué, comme moi, que les ongles de la main sont plus minces que ceux du pied; cependant, la pousse des ongles de la main est deux fois plus rapide que celle des ongles du pied. En un mois, l'ongle pousse d'environ trois millimètres.

Les ongles (couleur, forme) sont en rapport avec certaines conditions:

- *Ongle rose*:
  hypertension artérielle
- *Ongle bleuté:*
  mauvaise circulation sanguine
- *Ongle ivoire:*
  anémie
- *Ongle taché de blanc:*
  manque de zinc
- *Ongle bombé* – verre de montre:
  affection des poumons, du système digestif ou trouble sanguin
- *Ongle convexe* – forme de cuillère:
  trouble de la glande thyroïde
  ou manque de vitamine C
- *Ongle strié*: signe de vieillissement

## Que faire?

On peut améliorer l'apparence, la solidité et l'éclat de ses ongles en prenant une formule à base de prêle (efficace à cause de la silice qu'elle contient), de vitamine $B_6$, de bambou et de cystine. Cette composition se retrouve dans *Ongles Cheveux* de JMB Le Naturiste. Si vos ongles sont secs et cassants, faites comme moi! Je les fais tremper deux fois par semaine pendant 15 minutes dans de l'huile d'olive tiède.

Vous voulez connaître votre degré de *vitalité?* Regardez attentivement votre lunule, cette demi-lune à la base de l'ongle. Elle devrait être bien dessinée et présente sur chaque doigt. Attention: vous devez être une bombe de vitalité! Sinon, voyez-y! Si vous vous occupez bien de vous, moralement et physiquement, elle réapparaîtra.

Je n'insisterai jamais assez sur l'importance de manger sainement, de bouger, de bien dormir et de cultiver l'optimisme et le bonheur. Tout cela est à la portée de toutes et de chacune! Je vous convie au mot de la fin…

# Mes complices

*Les bonheurs de la table
et tant d'autres plaisirs
avec Yvette Bissonnet.
Son sens de la fête
et sa joie de vivre me
donnent des ailes…
Son mari Michel est tout
aussi gentil.*

*Les «Trois
Grâces» en 1978 :
De gauche à droite,
Denise Boucher,
si présente depuis
ma tendre enfance,
Lucienne Allard,
ma coiffeuse depuis
que j'ai 13 ans,
témoin de tous les*
grands moments de ma vie, ma confidente, marraine d'Alexandre et de
Josée-France…

*Avec Adrienne
Coccagna,
une excellente
amie d'origine euro-
péenne vivant
en Pennsylvanie!
Elle et son mari Fred
sont l'élégance et la
bonté incarnées…*

*Avec Julie Asselin,
une belle femme
dans tous les sens du terme !
Ses talents sont immenses,
surtout en décoration.
Notre amitié est simple
et constante… comme celle qui
nous lie aussi, mon mari et moi,
à son mari Érik Péladeau.*

*Avec Agnès Reynauld,
femme intense et passionnée
au cœur de toutes les couleurs!
Elle est de celles
qui ne lâchent pas…
comme je les aime.*

*Les secrets de la nature
et de l'âme partagés
avec Jacqueline
Cardinal.
Rédactrice
de très grand talent
aux HEC,
femme positive,
raffinée, joyeuse…*

*En 1999,*
*Mariette Delisle,*
*une force de la nature*
*et compagne de Fernand*
*Marcotte, grand champion*
*de boxe. Toujours présente*
*dans ma vie, toujours là,*
*pour les moments importants*
*ou simplement pour la joie d'être*
*ensemble, en compagnie*
*de nos maris.*

*En 1995, avec Marie Charland, une*
*très grande élégante… de cœur!*
*Elle comprend tout, s'intéresse à tout.*
*Elle parle franchement et j'aime ça !*
*Son mari Morty Oberman est aussi un*
*grand ami de mon mari.*

*En compagnie de Johanne*
*Labonté, avec qui je partage*
*une belle amitié depuis 30 ans.*
*Nous sommes des inconditionnelles de l'amitié et de la famille.*
*De Johanne se dégagent une énergie et une force intérieure exceptionnelles.*
*Cette photo a été prise par mon mari dans notre jardin en juillet 2001.*

Photo: Gilles Lafranche, *Journal de Montréal*

*En 1997, lors du lancement extraordinaire du livre* Elles auraient pu grandir ensemble…, *par la maison d'édition Libre Expression.*
*Avec ma sœur retrouvée Francine, dont le cœur*
*et la détermination me servent de modèle, ainsi que la comédienne,*
*complice et coauteur Patricia Tulasne, femme unique, sans compromis,*
*intelligente, cultivée, racée...*

*En 2000, avec Bianca*
*Ortolano, une grande artiste*
*avec qui j'aime partager*
*plusieurs secrets*
*des coulisses… de la vie !*
*Elle est la féminité et la*
*gentillesse incarnées.*
*Gilles Proulx a la chance*
*d'avoir gagné son cœur…*

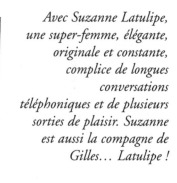

*Avec Suzanne Latulipe,
une super-femme, élégante,
originale et constante,
complice de longues
conversations
téléphoniques et de plusieurs
sorties de plaisir. Suzanne
est aussi la compagne de
Gilles… Latulipe !*

*Avec
une inconditionnelle
de la santé naturelle,
Lorraine Leblanc,
une alliée chaleu-
reuse de premier
plan à Val d'Or en
Abitibi !*

*Avec Micheline Rock,
un autre «roc» de santé
naturelle, qui a toujours
la bonne réponse.
Une complice de longue
date et mère de nos filleuls
Marie-Josée et Jean-Marc
(eh oui !).*

Ma fille Karina, le jour de son mariage. Mon aînée, si belle, si épanouie et cultivée (elle est rédactrice). Avec Lise Dauphin, ma grande amie, pionnière du «combat» naturiste depuis 1968 et bras droit de mon mari depuis les débuts, comme une sœur, une complice et une confidente de tous les instants…

Avec Michèle Raymond, productrice et présidente de «Punch International», que j'ai connue à TQS en 1987. Depuis lors, on ne se lâche pas… et nous sommes en plus deux grands-mères en «état de grâce». Son mari Pierre Raymond est aussi un grand ami.

En flagrant délit
de gourmandise avec Magalie
Louissaint, qui a gardé
mes enfants quand elle avait
17 ans et est devenue plus tard
une formidable assistante pour
Lise Dauphin et mon mari.
Sa jovialité et sa générosité ont
conquis toute la famille.
Son fils Olivier et elle font
partie de notre «grande»
famille…

Avec Louise Marcotte,
merveilleuse soprano
que j'ai d'abord
admirée sur la scène
du Pavillon des arts
de Sainte-Adèle.
Elle chante mainte-
nant sur les scènes
internationales.
Comme on le voit sur la photo prise sur le Plateau,
notre belle amitié est placée sous le signe de la joie…

Avec ma sœur Louise,
la meilleure et la plus belle
représentante du pays pour les
bougies aux huiles essentielles.
Pour moi c'est ma grande sœur,
qui m'a tenu la main durant
toutes les étapes de ma vie, qui
a un sens de la famille extraordinaire. Elle m'a toujours
aidée.

*Avec Guylaine Audet, jeune femme très déterminée, naturopathe conscientieuse, à l'esprit de recherche aiguisé. Aussi une complice, puisqu'elle est la conjointe de mon fils Alexandre et la maman de mon petit-fils Justin… un enrichissement dans ma vie. Je l'aime beaucoup.*

*Il y a déjà 30 ans que cette photo a été prise ! Jeannine Thibeault, fidèle naturiste de la première heure. Depuis la naissance de mon aînée, Karina, elle me fut d'une aide extraordinaire auprès de mes enfants. Rendus adultes, ceux-ci l'adorent. Elle est toujours en grande forme, très active, et garde maintenant ma petite-fille Alexia. C'est une belle continuité, non?*

# Le mot de la fin

*«De la femme vient la lumière.*
*Et le soir, comme le matin,*
*autour d'elle tout s'organise.»*

Louis Aragon

*«Le bonheur n'est pas une destination,*
*c'est une façon de voyager.»*

Inconnu

## Longévité

On n'a pas encore trouvé l'élixir de Jouvence, mais on constate tout de même qu'une personne sur 10 000 aux États-Unis est centenaire. En l'an 2050, il pourrait y avoir un million de centenaires. C'est quelque chose! En Occident, l'espérance de vie, qui était de 46 ans au début du XXe siècle, a presque doublé aujourd'hui. Elle est de 74 ans pour les hommes et de 80 ans pour les femmes. Le record de longévité est détenu par une femme, Jeanne Calment, morte à l'âge de 122, ans en 1997.

Les femmes ont, dit-on selon divers sondages, plus tendance à être heureuses que les hommes. Bien sûr, il y a des facteurs qui prédisposent au bonheur: la condition maritale, l'instruction, le fait d'habiter dans une plus petite ville, etc. Mais je crois profondément que l'on peut être heureux si on le veut et que, pour cela, il faut suivre certaines règles.

Je voudrais donc, en guise de mot de la fin, vous livrer les sept règles du bonheur que mon mari, mes enfants et moi-même tentons de mettre en pratique chaque jour. Ces clés, je vous les offre, car elles sont porteuses de santé et de beauté.

## Mes sept clés du bonheur

1   *Cultiver le respect et l'estime de soi*:
    j'ai tenté tout au long de cet ouvrage de vous convaincre de l'importance de prendre conscience de votre valeur individuelle et de vous accorder les soins nécessaires à votre santé-beauté. S'aimer et se respecter est la règle de base sur laquelle repose l'épanouissement personnel; elle sous-tend le bonheur pour soi et pour son entourage.

2   *Entretenir l'amour et l'amitié*:
    c'est simple, vous vous rappelez les enseignements sacrés: aimer les autres comme on voudrait que les autres nous aiment. Croyez-moi, cette première loi est infaillible. Elle rime avec don de soi, avec «plus de joie à donner qu'à recevoir». Elle procure de grands bonheurs qui engendrent un bien-être profond.

3 *Apprécier ce que l'on a:*
pour certains, l'herbe est toujours plus verte chez le voisin. Pour aller plus loin dans la vie, il faut jouir de ce qu'on a déjà. Regarder et ressentir la plénitude plutôt que de constater le vide. Apprécier ce que l'on a est une condition essentielle pour le dépassement personnel.

4 *Faire preuve de confiance et d'ouverture d'esprit:*
une pareille attitude est indispensable pour se mettre au diapason d'un monde en constante évolution.

5 *Vivre le moment présent:*
certaines personnes vont ponctuer leurs phrases de «j'aurais donc dû...»; pendant qu'elles ruminent de la sorte, elles ne sont pas attentives au moment présent, à ce qu'elles pourraient faire et à la vie qui les entoure. Quant à l'avenir, on peut le planifier, soit, mais on ne peut pas le vivre puisqu'on est dans le présent. On ne doit pas se préoccuper de l'avenir au point d'oublier le «ici et maintenant». Certaines personnes remettent toujours à plus tard un beau projet dont elles pourraient jouir maintenant (voyage, cure de massages, travaux d'embellissement de la maison, etc.). Qui sait de quoi demain sera fait? Peut-être ne réaliseront-elles jamais ce beau projet ...

6    *Bien gérer son stress:*
     trouver une manière de bien gérer son stress. La
     vie sans stress est irréaliste. Mais, s'il est mal géré,
     le stress peut détruire la vie à la maison ou au
     bureau; il peut provoquer de l'insomnie et du
     pessimisme. Le contrôle du stress rime donc
     avec joie de vivre.

7    *Chaque jour, se faire plaisir:*
     chaque jour, se faire plaisir. Vraiment. Pour cer-
     taines, ce sera de garder leurs petits-enfants (comme
     moi!); pour d'autres, ce sera de prendre le temps
     d'écouter les nocturnes de Chopin, de marcher à
     la brunante ou d'aller magasiner avant une séance
     au cinéma...
     Il importe de s'accorder de bons moments et
     d'en jouir pleinement.

## Bonne chance!

Rappelez-vous que des idées non transposées dans l'action res-
semblent un peu à un pain sans levain. Il est temps d'agir:

- identifiez vos buts clairement;
- établissez vos priorités;
- fixez-vous des délais réalistes;
- consultez un naturopathe ou un conseiller
  naturiste dans une boutique de produits naturels;
- ayez le soutien d'une complice (ou de plusieurs).

Au fil de ces pages, je vous ai exposé mes idées et mes sentiments avec plaisir et sincérité. À partir de mon expérience personnelle et de celle de plusieurs personnes que je côtoie, je vous ai proposé une façon de vivre qui apporte santé et beauté. Il n'y a pas qu'une seule façon de vivre, mais celle que j'ai choisie me rend heureuse au-delà de mes espérances. Elle me garde bien dans ma peau et en forme comme jamais je n'aurais pu l'imaginer.

J'espère qu'en lisant ma méthode, vous avez appris des choses qui peuvent vous rendre service et que vous avez trouvé des renseignements utiles que vous pourrez intégrer à votre quotidien.

Maintenant, comme on dit, la balle est dans votre camp. Je vous ai laissé quelques pages blanches à la fin de cet ouvrage, juste pour vous, afin que vous puissiez vous tailler ou redéfinir un programme sur mesure, selon vos besoins.

Chères complices, gardez toujours en tête que vous êtes les architectes de votre santé, de votre beauté et de votre vie.

Acceptez mes salutations chaleureuses et n'oubliez pas de les transmettre à ceux et celles que vous aimez,

*Marie-Josée Longchamps*
Août 2001

N.B.: Si vous avez besoin de renseignements, n'hésitez pas à contacter l'une de mes excellentes collaboratrices, des professionnelles en santé naturelle.

*Courriel:* sac@lenaturiste.com
*Téléphone:* 1 888 562 7268

*En 2001,*
*en toute simplicité*
*tôt le matin*
*sur la rue Saint-Hubert*

## Programme personnalisé

# Bibliographie

BRUNET, Jean-Marc. *Mon guide de santé naturelle*, Éditions JMB, 7ᵉ édition, 2000

BRUNET, Jean-Marc. *La Santé par les jus*, Éditions Le Naturiste, 1984

BRUNET, Jean-Marc. *La chaleur peut vous guérir*, Éditions du jour, 1972

CORNEAU, Cristiane. *Cosmétiques au naturel*, Les Éditions Quebecor, 1997

DU RUISSEAU, Jean-Paul. *La mort lente par le sucre*, Éditions du Jour, 1973

DAUPHIN, Lise. *Recettes naturistes pour tous*, Éditions de Mortagne et Jean-Marc Brunet Le Naturiste, 1982

GEOFFROY, H.-C. *Tu vivras cent ans*, Éditions G.E.V.I.C., 1977

HENNER, Marilu. *Total Health Makeover*, Regan Books Ed., 1998

HUARD, Danielle. *Les huiles essentielles, L'aromathérapie*, Les Éditions Quebecor, 1994

HUARD, Danielle. *L'aromathérapie au service de la beauté, Les huiles essentielles*, Les Éditions Quebecor, 1997

JACKSON, Robert G. *Ne plus jamais être malade, Le secret de la longévité,* Éditions Albert Müller, Rüschlikon-Zurich

LAUZON, Roland. *Une belle peau, Comment soigner son épiderme par les moyens naturels,* Éditions du Jour, 1972

LONGCHAMPS, Marie-Josée et Patricia TULASNE, avec la collaboration de Francine Deslongchamps. *Elles auraient pu grandir ensemble...,* Libre Expression, 1997

POPCORN, Faith. *EVEolution,* Éditions de l'homme, 2000

ROUSSEAUX, Alain. *Retrouver et conserver sa santé par le sauna,* Éditions A.R., 1990

STARENKYJ, Danièle. *La ménopause: une autre approche... Être femme à tout âge,* Orion, 1992.

ZARAÏ, Rika. *Mes secrets naturels pour guérir et réussir,* JCLattès, 1988

# ❀ *Table des matières*

# NOTES

# NOTES

# NOTES

# NOTES

# NOTES

# NOTES

## NOTES

# NOTES

# NOTES

IMPRIMÉ AU CANADA